일본어로 술술 읽혀지는 재미있는

일본의
옛날이야기

日本の昔話

편저 이토 교코/오카 린

J PLUS
Language Publishing Co.

머리말

어느 나라에나 그 나라의 고유한 풍속과 문화를 엿볼 수 있는 전래동화가 있습니다. 일본에도 어려서부터 그림동화책으로 보고 읽어 누구나 알고 있는 옛날 이야기가 있는데, 이 책에서는 대표적으로 모모타로나 시타키리스즈메, 우라시마타로 등 10편을 뽑아 현대어로 바꾸어 재미있는 독해집으로 꾸며보 았습니다.

학습자들은 일본어 실력향상과 일본어능력시험에 대비하여 흔히 일본신문 이나 소설을 독해 텍스트로 많이 이용하고 있고, 또 그렇게 하는 것이 큰 도움 이 되기도 합니다.

이러한 독해 대비용뿐만 아니라, 전래동화를 통하여 옛날의 일본인의 생활 모습이나 사고방식을 엿볼 수 있음은 일본어를 공부하면서 갖는 또 다른 재미 가 아닐 수 없습니다. 스토리를 읽어나가면서 중간 중간 대화체로 된 부분은, 평소 아는 단어나 문장이라 하더라도 그 뉘앙스나 어휘의 느낌을 전달하는 데 매우 효과적이어서, 문법적으로 이럴 때 이런 말을 쓴다는 설명이 없더라도 기억에 오래 남는 학습효과를 기대할 수 있습니다. 하지만, 능력시험에 나올 만한 주요한 문형은 따로 정리하여 예문을 덧붙여 놓기도 하였습니다.

모쪼록 이 책이 재미있는 일본의 옛날이야기를 일본어로 감상하면서 한자 읽기, 어휘(약 1500단어), 독해, 청해, 번역연습 등 다양한 학습효과를 높이는 데 도움이 되었으면 하는 바람입니다. 끝으로 바쁘신 가운데 본문의 스토리와 교정 등을 맡아주신 이토 교코 님, 민담에 대한 해설과 내용이해문제 등을 맡 아주신 일본에 계신 오카 리나 님, 그리고 일본에서 "일본어교재에서의 삽화 의 역할"을 연구하며, 재미있는 삽화와 삽화설명을 덧붙여 주신 권경민 님께 지면으로나마 깊이 감사드립니다.

편집부

3

일러두기

이 책으로 어떻게 공부할까?

선생님과 학습자 여러분께

본문

❶ 독해연습

우선 사전을 찾지 말고 한번 읽어보세요. 후리가나는 대부분 달려 있으므로, 읽는 데 크게 어려운 부분은 없을 것입니다. 모르는 단어가 있더라도 읽어나가다 보면 어느 정도 스토리는 파악할 수 있을 것입니다. 본문을 다 읽고 나서 내용이해문제를 한번 풀어보세요. 여기서 정답(정확하지 않더라도 의미만이라도)을 말할 수 있다면 독해연습은 끝났습니다. 시험에는 사전을 들고 갈 수 없으므로 모르는 단어가 있더라도 어떤 내용인지를 파악해가는 것이 중요합니다.

❷ 어휘, 한자읽기 연습

한자와 어휘를 차근차근 분석해가면서 자신만의 단어장을 만들어갑니다. 스토리의 진행순서를 따라 단어를 기억하면 기억에도 오래 남습니다. 사전찾는 데 시간이 너무 걸린다면 본문 뒤에 있는 "新しいことば"를 잠깐 봐도 좋습니다. 하지만, 꼭 하나하나 사전을 찾아보시기 바랍니다. 쉽게 외운 것은 쉽게 잊혀지니까요. 본문의 내용을 다 보았다고 생각될 때, 마지막에 검정 싸인펜 등으로 한자 위의 후리가나를 지우고 한번 읽어보세요. 한자읽기에 자신이 생길 것입니다.

❸ 시나리오로 역할연습

수업용으로 쓸 경우, 주인공을 정하여 대화부분과 나레이터를 정하여 발표해보게 하는 것입니다. 네이티브가 녹음한 것을 한번 듣고 나서 따라해보는 것도 재미있겠지요. 실제 발표시간은 5분이내에 끝나므로, 팀을 두 개로 나누어 대결해보게 하는 것도 좋습니다.

❹ 번역연습

본문을 펼쳐놓고 우리말로 옮겨보는 것입니다. 이때 모르는 단어는 뒤에 나온 단어를 힌트로 봐도 좋습니다. 문장을 보고 일본어로 이해하는 것과 우리말로 옮기는 것은 또 다른 공부가 된다는 것을 경험자는 잘 알 것입니다. 원전을 크게 벗어나지 않게 번역해보고 책 뒤의 부록에 있는 본문번역과 한번 대조해보세요. 부록의 번역이 꼭 정답이라 할 수는 없지만, 자신의 번역과 어떻게 다른지 비교해보는 것도 재미있을 것입니다.

내용이해문제

수업용으로 이 책을 쓴다면 주어진 질문으로 자연스럽게 프리토킹 회화가 이루어질 것입니다. 그 밖에 주인공의 처지를 바꾸어 이렇게 되면 어떻게 되었을까 등 상황을 바꾸어 얘기해보는 것도 재미있을 것입니다. 소토론이나 OPI 테스트용으로 활용할 수도 있습니다.

문형연습

실제 회화에서 쓰는 예문으로 문형을 연습할 수 있습니다. 문형을 이용하여 작문을 해보는 것도 좋습니다.

삽화가의 한 마디

본문의 삽화에 대한 이해를 높이고자 간단하게 설명한 부분입니다. 옛날 일본인의 생활방식이나 풍습 등을 엿볼 수 있습니다.

MP3 음원(QR코드)

본문을 네이티브가 보통 말하는 속도로 이야기하듯 녹음하였습니다. 자투리

시간을 활용하여 많이 듣는 연습을 한다면 어느새 원어민의 발음과 비슷하게 책을 읽어나가는 자신을 발견할 수 있을 것입니다.

📖 어린이용 듣기교재로 구입하신 부모님께

어린 아이들에게 듣기용으로 들려주실 경우에는 아이들이 놀 때 그냥 들려주 거나 하면 자연스럽게 발음이나 억양 등을 익히는 데 도움이 될 것입니다. 그 리고, 본문의 내용은 모두 번역하여 부록에 실어놓았으므로, 일본의 재미있는 동화이야기를 들려주는 것도 또다른 즐거움이 될 것입니다.

🌿 차례 🌿

머리말 ··· 3

일러두기 ··· 4

1	**ももたろう** ······························· 10
2	**したきりすずめ** ························· 22
3	**かさじぞう** ······························· 34
4	**こぶとりじいさん** ···················· 46
5	**さると かに** ···························· 58
6	**つるのおんがえし** ···················· 72
7	**うらしまたろう** ························· 84
8	**いっすんぼうし** ························· 96
9	**かちかちやま** ··························· 110
10	**かぐやひめ** ···························· 124

부록 ··· 139

(본문번역/작품해설/내용이해문제 모범답안)

日本の昔話

1. ももたろう

🎧01

　むかしむかし、ある村におじいさんとおばあさんが、な

かよくくらしていました。ある日、おじいさんは山へたき

ぎをとりに、おばあさんは川へせんたくに出かけました[1]。

おばあさんが、川でせんたくをしていると、川の上のほう

5　から大きなももが流れてきました[2]。

　「おや、まあ。なんて大きいもも！」

　大きいももをおばあさんは、

川からひき上げました。

　「おじいさんは、ももが大好

10　きだから、きっとよろこびます

ねえ。」

　おばあさんは、にこにこしながら、ももをかかえて帰り
ました。山からもどったおじいさんも大よろこび。

　「こりゃ、食べるのが、もったいないくらい大きいなあ。」

　「きっとおいしいももですよ。」

　おばあさんが切ろうとすると、いきなりももがポンとわ　5
れました。

　「おぎゃあ！　おぎゃあ！」

　なんと、ももの中から男の子の赤ちゃんが出てきたので
す。子供のいないおじいさんとおばあさんは、とてもよろこん
で、ももから生まれたから「ももたろう」と名前をつけました。

　ももたろうは、すくすくと元気な男の子にそだちまし
た。そのころ、鬼が島からやってきて、村をおそっては、
宝物や食べ物をうばいました。ももたろうは、こまってい
る村の人たちを見て、

5　「悪い鬼をたいじしてきます。」

　しんぱいするおじいさんとおばあさんに、ももたろうは
にっこり、

　「元気に帰ってきます。」

　「では、力のつくきびだんごを作るからもっていきなさい。」

　すぐに、おじいさんとおばあさんは、とてもおいしいきびだんごをたくさん作ってくれました³。

「気をつけていくんだよ。」

　二人に見おくられて、ももたろうは元気に出発します。

　しばらく行くと、いぬが走ってきました。　　　　　5

「ワンワン！どこへ行くのですか。」

「鬼たいじに鬼が島へ。」

「一緒に行きますから、おいしいきびだんごを一つください。」

「いいよ。たくさん食べなさい。」

　村はずれにきたとき、きじが飛んできました。　　10

「私も行きますから、きびだんごくださいな。」

　ももたろうは、よろこんできじにきびだんごをあげました。やまみちでは、さるもやってきました。

「ぼくも行くよ。」

「本当かい。じゃあ、力がつくきびだんごをあげるよ。仲　15
間がふえてうれしいなあ。」

　やがて、ももたろうといぬ、きじ、さるは、海について小船にのりました。みんなで交代でこいだので、小船はぐ

んぐんすすみます。

「島が見えるよ！」

空を見はっていたきじが教えてくれました。海のむこうに、岩だらけの鬼が島が見えてきました。

5 島に上がると、鬼たちが住んでいるやしきがありました。ももたろうは、先とうになって飛びこみました。

「悪い鬼たちめ！ 出てこい⁴！」

「なんだと！ 誰だ！」

ごちそうを食べていた鬼たちが出てきました。

10 「さあ、かかってこい！」

ももたろうは、むかってきた鬼をつぎつぎと投げ飛ばしました。みんな、力のつくきびだんごを食べて千人力です。いぬは、かけまわって鬼の足にかみつきました。

「い、いたた！ や、やめろ！」

15 そこへさるが飛びついて、鬼の顔をひっかきました。きじは、くちばしで鬼の手につっつき、鬼たちは逃げまわりました。

「ひー！いたい、いたい、やめてくれー⁵。」

「もう、悪いことはしません。ごめんなさい。」

　鬼たちは、手をついてあやまり、山のような宝を運んで
きました。

　こうして、ももたろうは宝を持って、元気に村に帰りま
した。宝は、一つずつ持ち主のところへ返しました。もも
たろうが元気にもどってきたので、おじいさんとおばあさ
んは大よろこび。ももたろうは、それからもいぬときじと
さると一緒に村をまもり、みんな幸せにくらしました。

5

❀ 「ももたろう」について

日本の昔話の代表といっていいほど広く知られている話。一般的には
「吉備の国」(きびのくに：現在の岡山県)を舞台(ぶたい)にしたものが有
名で、岡山(おかやま)の観光みやげとして、「きびだんご」や桃太郎(もも
たろう)のキャラクターグッズもあります。
登場する動物たちですが、儒教(じゅきょう)の教えに基(もと)づいて、そ
れぞれ犬は「仁(じん)」、猿(さる)は「智(ち)」、きじは「勇(ゆう)」をあらわし
ているという説もあります。いずれにしろ、それぞれの動物がそのキャ
ラクターを生かして活躍するのも、このお話の魅力の一つでしょう、現
代のテレビCMに桃太郎はよく登場しており、人気の高さがうかがえま
す。

 확인문제

❶ おばあさんは、どこでももを見つけましたか。

❷ ももたろうは、何を持って鬼(おに)が島(しま)へ行きましたか。

❸ ももたろうといっしょに行ったのは、犬と、猿と、何ですか。

❹ ももたろうたちは、どうやって鬼(おに)が島(しま)へ行きましたか。

❺ ももたろうは、持って帰った宝(たから)をどうしましたか。

🌸 新しい ことば 🌸

- むかしむかし … 옛날 옛날에

- ある … 어느 *뒤에 명사를 꾸밀 때

- なかよく … 사이 좋게 *なかが いい 사이가 좋다

- たきぎ … 장작, 땔나무

- せんたく … 빨래, 세탁 *한자는 洗濯

- もも … 복숭아

- 流(なが)れてくる … 흘러오다

- ひき上(あ)げる … 끌어올리다

- 大好(だいす)き … 아주 좋아함

- にこにこしながら … 싱글벙글하면서 *にこにこ 싱글벙글 웃는 모양

- かかえる … 팔에 안다, 부둥켜안다

- 大(おお)よろこび … 아주 기뻐하는 모양

- もったいない … 아깝다

- いきなり … 갑자기

- われる … 갈라지다, 쪼개지다

- おぎゃあおぎゃあ … 응애응애(아기의 울음소리)

- 名前(なまえ)をつける … 이름을 붙이다

- すくすく … 쑥쑥

- そだつ … 자라다

- おそう … 습격하다

- 宝物(たからもの) … 보물

- うばう … 빼앗다

- 鬼(おに) … 도깨비, 괴물

- たいじ(退治) … 퇴치

- にっこり … 빙긋

- 力(ちから)のつく … 힘이 붙다

- きびだんご … 수수경단

- しばらく … 잠시, 한동안

- きじ … 꿩

- 仲間(なかま) … 동료, 한패, 동아리

- 小船(こぶね) … 작은 배

- 交代(こうたい)で … 교대로

- こぐ … (노를)젓다

- ぐんぐん … 쭉쭉, 부쩍부쩍 *대단한 기세로 진행하거나 커지는 모양

- 岩(いわ) … 바위

- だらけ … 투성이

- やしき … 대저택

- 先(せん)とうになって … 앞장서서, 선두가 되어서 *先頭(せんとう) 선두

- かかってこい … 덤벼라

- 千人力(せんにんりき) … 천 명의 힘이 있음, 아주 기운이 셈

- ひっかく … 할퀴다

- くちばし … (새)부리, 주둥이

- つっつく … 달라붙다

- 宝(たから) … 보물

· 持ち主(もちぬし) … 물건의 주인, 소유주

· まもる … 지키다

삽화가의 한마디

모모타로가 먹었다고 하는 きびだんご (동그랗고 안에 아무것도 들어있지 않음) 는 옛날 키비츠신사(吉備津神社)에 참배할 때 선물용으로 참배길가에서 팔렸던 것이 원조라고 합니다. 당시 키비츠 주위에는 참배객을 겨냥한 유곽이 많이 있었는 데, 참배는 뒷전이고 유곽에서 놀다가는 경우도 많았겠지요. 유곽에서 놀다 왔다 고 할 수는 없으니, 가족이나 친척들에게 참배했다는 증거로 이용되었다고 합니다. '키비단고' 하면 '모모타로'가 떠오를 정도로 모모타로 이야기에서 빠질 수 없는 것 이 이 '키비단고'라고 할 수 있습니다.

1 ～に出かけました   ~하러 나갔습니다

· 兄は友達とドライブに出かけました。

오빠는 친구랑 드라이브하러 나갔습니다.

· 母なら買い物に出かけていますが。

어머니는(라면) 장보러 가셨는데요.

2 ～てきました   ~해 왔습니다

· 向こうから男の人が歩いてきます。

저쪽에서 남자가 걸어옵니다.

· 山の上から小さな石が落ちてきました。

산 위에서 작은 돌멩이가 떨어졌습니다.

3 ～てくれました   ~해 주었습니다

· 小さいころ、母は毎晩絵本を読んでくれました。

어렸을 때, 어머니는 매일밤 그림책을 읽어주셨습니다.

· あのお医者さんは、場合によっては日曜日でも診てくれます。

그 의사선생님은 경우에 따라서는 일요일에도 진료를 해줍니다.

4 명령문

· 「これに乗っていけ。」と彼は自転車を貸してくれた。

"이거 타고 가." 하고 그는 자전거를 빌려주었다.

· 「気をつけて行ってこい。」と父は言った。

"조심해서 다녀와라." 하고 아버지가 말했다.

* 동사의 명령형을 그대로 사용한 경우이다.

5 ~てくれ ~해 줘

· まあ、俺の話を聞いてくれよ。

그러지 말고, 내 얘기 좀 들어주라. (남자말)

· 頼むから少し静かにしてくれ。

부탁이니까 좀 조용해 해주라. (남자말)

2. したきりすずめ

🎧02

　むかしむかし、おじいさんが山でけがをしたすずめを見つけて、家に連れて帰りました。薬をぬってえさを食べさせるとすずめは元気になり、チュンチュンと鳴いておじいさんに甘えました。

5　「おお、かわいいなあ。」

　おじいさんは、すずめを子供のようにかわいがりました。ある日のことです。おじいさんは山へたきぎをとりに出かけて留守でした。おばあさんが洗濯をしていると、チュンチュンチュン、すずめが洗濯のりを食べてしまったのです。

10　「なんて悪いすずめだろう。」

　カンカンに怒ったおばあさんは、すずめの舌を切ると空

へ向かって放り投げました。

　夕方、おじいさんが帰って来たので、おばあさんは、すずめの舌を切って追い出したことを話しました。

「かわいそうに。」

　おじいさんはその夜、すずめのことを思い出して眠れませんでした。朝がくるとおじいさんは、山へすずめを探しに出かけました。

「すずめ、すずめ、お宿はどこだ。」

　すると、やぶの中からかわいい声がきこえます。

「チュンチュン、こちらですよ。」

　声に誘われて行くと、すずめが出て来ました。おじいさんは、喜んですずめを手の平にのせました。

「ごめんよ。舌を切られて、痛かっただろう。」

5 「いいえ、もう大丈夫です。おじいさん、よく訪ねて来てくださいました。どうぞ私の家で遊んでいってください。」

　おじいさんは、すずめの家に連れて行ってもらう¹と、おかしやお茶をたくさんごちそうしてもらいました。それに、仲間のすずめ達も集まって来て、歌や踊りを見せてくれました。

10 「ああ、楽しかった。それでは、これで失礼するよ。ほんとうにどうもありがとう。」

　夕方になったのでおじいさんが帰ろうとすると²、すずめが呼び止めました。

「おじいさん、おみやげをもって行ってください。大きいつづらと小さいつづら、どちらがよいですか³。」

15 おじいさんは、すずめ達が運んできたつづらを見て、

「それでは、小さい方をもらいましょう。年よりは小さいのでないと⁴、背負えないからね。」

　そういって、小さいつづらを背負って帰って行きました。おじいさんは、家に帰っておばあさんに今日のことを話して、小さいつづらを開けました。なんとびっくり。小さいつづらの中には小判が、どっさり入っていたのです。

　すると、おばあさんはプリプリ怒りだして、

　「なんで、大きいつづらをもらって来なかったんだい。大きいつづらなら、もっとどっさり小判が入っていただろうに [5]。明日はわしが行って、大きいつづらをもらって来よう。」

おじいさんは止めましたが、朝がくるとおばあさんはすぐに出かけて行きました。そして山に入ると、大きな声ですずめを呼びました。

　「すずめー、すずめー、出てこい。」

5　チュンチュンチュン。やぶからすずめが出てきました。

　「おばあさん、ようこそいらしてくださいました。今日はどうか私の家で遊んでいってください。」

　おばあさんは首を横にふりながら言いました。

　「遊ぶのは結構。わしは忙しいんだから、さっさとつづら

10　をおくれ。」

　「そうですか。それでは小さいつづらと大きいつづら、どちらがよろしいですか。」

　すずめが二つのつづらを運んでくると、おばあさんは返事もしないで⁶大きいつづらを背負いました。そして、ふり

15　むきもしないで、山を下りて行きました。けれど、大きいつづらはなんて重いのでしょう。

　「ふう、やれやれ。」

　おばあさんは、くたびれて途中で大きいつづらをおろし
ました。それから中が見たくてたまらないので、そっとふ
たを開けました。そのとたん、

「ひゃあ！」

　大きいつづらから出てきたのは、へびやとかげ、むかで　5
がいっぱい。

　おばあさんは、びっくりして腰がぬけてしまいました。
そして、そのままころがるようにして逃げ帰りました。

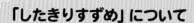

「したきりすずめ」について

この話に限らず、また日本を舞台にしたものに限らず、昔話には「お人(ひと)よしで優しいおじいさん」と「ケチで意地悪なおばあさん」の組み合わせがよく登場するようです。洗濯のりを食べてしまったすずめに腹を立てて追い出すのも、小さいつづらをもらってこなかったおじいさんに怒って自分で乗り込むのも、女性、とりわけ主婦だったら理解できる心情(しんじょう)ではないでしょうか。民話は文字通り庶民(しょみん)の生活の中から生まれてきたもの。現代に生きる私たちにも共感(きょうかん)できるものがあるからこそ、生き残ってきたのです。昔話を題材(だいざい)に、「私だったらどうするか？」と考えたり、話し合ってみるのも楽しいですね。

 확인문제

❶ おばあさんは、なぜすずめに怒りましたか。

❷ おばあさんは、すずめに何をしましたか。

❸ おじいさんのつづらには、何が入っていましたか。

❹ おばあさんは、なぜおじいさんに怒ったのですか。

❺ おばあさんのつづらには、何が入っていましたか。

🌸 新しい ことば 🌸

- けがをする … 상처를 입다

- すずめ … 참새

- 薬(くすり)をぬる … 약을 바르다

- えさ … 먹이, 모이

- 元気(げんき)になる … 건강해지다

- チュンチュンと鳴(な)く … 짹짹하고 울다

- 甘(あま)える … 응석부리다

- かわいがる … 귀여워하다 *형용사는 かわいい 귀엽다

- たきぎ … 장작, 땔나무

- 留守(るす) … 집을 비움, 부재

- 洗濯(せんたく)のり … 빨래에 쓰는 풀

- なんて … 이런 *부정적인 뉘앙스

- 放(ほう)り投(な)げる … 던져버리다

- 夕方(ゆうがた) … 저녁

- 追(お)い出(だ)す … 쫓아내다

- 思(おも)い出(だ)す … 생각하다, 생각해내다

- お宿(やど) … 둥지

- やぶ … 수풀, 덤불

- きこえる … 들려오다

- 手(て)の平(ひら) … 손바닥

- ごめんよ … 미안하다

· どうぞ … 부디, 제발

· おかし … 과자

· ごちそう … 맛있는 음식

· 仲間(なかま) … 동료

· 呼(よ)び止(と)める … 불러세우다

· おみやげ … 선물

· つづら … 고리짝

· 年(とし)より … 늙은이

· 背負(せお)う … 짊어지다

· びっくり … 깜짝 놀람

· 小判(こばん) … 금화

· どっさり … 담뿍, 잔뜩

· プリプリ … 뿌루퉁 *화가 난 모양

· なんで … 왜, 어째서

· わし … 나 *다소 거만한 느낌을 주는 말로 남자 노인이 쓰는 말.

· 止(と)める … 말리다, 멈추게 하다, 세우다

· 返事(へんじ) … 대답

· ようこそ … 상대의 방문을 기꺼이 맞을 때 쓰는 말

· どうか … 아무쪼록

· 結構(けっこう) … 됐음 *거절이나 사양의 뜻

· さっさと … 재빨리, 어서, 지체하지 말고

· おくれ … 주라 *달라는 뜻

· ふりむきもしない … 거들떠보지도 않고 *ふりむく 되돌아보다

- やれやれ … 아이고, 안도를 나타냄

- くたびれる … 피곤해하다

- 途中(とちゅう)で … 도중에

- おろす … 내리다

- たまらない … 참을 수 없다

- そっと … 살짝

- そのとたん … 그 순간

- へび … 뱀

- とかげ … 도마뱀

- むかで … 지네

- 腰(こし)がぬける … 허리가 삐끗하다 *기겁을 하고 놀랐을 때 쓰는 말

- そのまま … 그대로

- ころがる … 구르다

삽화가의 한마디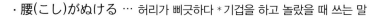

상자에서 튀어나오고 있는 는 小判(こばん)이라는 것인데, 天正(てんしょう:1573 - 1592)시대부터 江戸(えど)시대에 걸쳐 쓰여진 얇은 타원형의 금화입니다. 한 개가 一両(いちりょう:한 냥)에 해당되었다고 합니다. 커다란 것은 반대로 大判(おおばん)이라고 불렀습니다.

1　〜てもらう　　　　　　　　~해 받다(남이 ~해 주다)

- 通りがかりの人に道を教えてもらいました。

  지나가는 사람에게 길을 물었습니다.

- テレビが壊れたので、修理に来てもらいました。

  텔레비전이 고장나서, 수리상이 와주었습니다. (수리하러 왔습니다.)

2　〜(よ)うとする　　　　　　~하려고 하다

- 席を立とうとすると、「田中さん」と声をかけられた。

  자리를 일어서려고 하자, "다나카 씨" 하고 (누군가가) 말을 걸어왔다.

- タバコに火をつけようとすると、「ここは禁煙です」と止められた。

  담배에 불을 붙이려고 하자, "여기는 금연입니다" 하고 못 피우게 했다.

3　〜と〜(と)、どちらが　　　~하고 ~중에 어느 쪽이

- 英語と日本語、どちらが難しいですか。

  영어와 일본어, 어느 쪽이 어렵습니까?

- 肉と魚と、どちらが好きですか。

  고기하고 생선 중에 어느 쪽을 좋아합니까?

4 　～でないと　　　　　　　　　　～가 아니면

・自分の枕でないと、よく眠れません。

자기 베개가 아니면, 잠을 잘 못 잡니다.

・私はあなたでないと、だめなんです。

나는 당신이 아니면 안돼요.

5 　～ただろうに　　　　　　　　　～했을 텐데

・初めから断ったらよかっただろうに。

처음부터 거절했으면 좋았을 텐데.

・落ち着いて読んでいたら、間違えなかっただろうに。

차분하게 읽었으면 틀리지 않았을 텐데.

6 　～もしないで　　　　　　　　　～도 하지 않고

・娘は挨拶もしないで自分の部屋に入ってしまった。

딸은 인사도 하지 않고 자기 방에 들어가버렸다.

・よく調べもしないで入会してしまった。

잘 알아보지도 않고 가입을 해버렸다.

3. かさじぞう

 03

　むかしむかし、あるところに、おじいさんとおばあさんが住んでいました。

　おじいさんとおばあさんは、毎日笠を作っては町へ売りに行く、くらしをしていました。

5　笠が売れても、お米はほんの少ししか買えません[1]。でも、二人とも「ありがたいねえ。」と、ごはんを分けあって、仲良くくらしていました。

　さて、雪の降るおおみそかの夕方のことです。明日はお正月だというのに、食べるものが何もないので、二人はがんばって、笠を五つも作りました。

10　「やれやれ、やっとできた。ふぶきにならないうちに[2]、町

へ笠を売りに行ってくるよ。お米を買って帰るから、楽し
みに待ってておくれ。」

　おじいさんはできたての五つの笠を持ち、また自分のため
のぼろぼろの笠をかぶって、雪の中へ出かけて行きました。

　「笠はいらんかねー。笠はいらんかねー。」

　おじいさんは、町へつくと大声で言いました。けれど、
だれも笠を買ってはくれませんでした。しかたなく、おじ
いさんは五つの笠をかかえて帰ることにしました[3]。

5

「ああ、おばあさんが、がっかりするだろうなあ。」

しばらく行った帰り道、おじいさんはふと立ちどまりました。お地蔵さまが六人、ならんで立っているのです。おじいさんは、お地蔵さまの頭や肩につもった雪をいそいで

5　はらいました。

「こんなひどい雪の降る夜、気の毒に。寒かろう。寒かろう。」

そう言いながら、おじいさんは、自分の作った笠をお地蔵さまの頭にかぶせていきました。

そして、六人目のお地蔵さまの頭には、自分の笠をとっ

てかぶせました。

「古くてぼろぼろの笠だけど、かんべんしてください。」

おじいさんの頭は、あっという間に雪で真っ白になって

しまいましたが、それでもおじいさんは、とてもうれしそ

うに帰って行きました。

家へもどるとおじいさんはおばあさんに、お地蔵さまに

笠を全部かぶせてきたことを話しました。おばあさんは、

うんうんとうなずいて言いました。

「それは良いことをしましたね。わしたちには家もある

し、笠を作れるじょうぶな体がありますものね。」

そして、二人はあついお湯だけを飲んで、薄いふとんに

くるまって寝ました。

その日の真夜中。

どっすんどっすんと外から音がして、歌が聞こえてくる

のです。

おじいさまの家はどこだろう

笠をかしてくれた おじいさま

おじいさまの家はどこだろう

おじいさんとおばあさんは飛び起きて、そっと戸を開けて外を見てみました。

「あっ、あれは。」

それは、なんとお地蔵さまたちの歌声だったのです。

笠をかぶった六人のお地蔵さまが、お米やもち、魚に野菜、それに着物や小判をかついで、こっちへ来るではありませんか[4]。

　　　　　　おじいさまの家はどこだろう

　　　　　　笠をかしてくれた　おじいさま

　　　　　　おじいさまの家はどこだろう

六人のお地蔵さまは、どっすんどっすんと、おじいさんの家へやって来ました。

そして、戸の前に、お米やもちを置くと、にっこり笑って雪の中をもどって行きました。

おじいさんとおばあさんは、お地蔵さまの姿が見えなくなるまで[5]、ずっと手を合わせ心の中でお礼を言いつづけました。

夜が明けてお正月の朝になりました。二人は、お地蔵さまが置いていってくれた新しい着物を着て、おもちや、お

にしめをいっぱいいっぱい食べました。

「かさじぞう」について

この民話は、日本の山形県新庄市(やまがたけん しんじょうし)のお話です。そこは日本の国内でも“民話の宝庫(ほうこ)”として知られています。冬は豪雪地帯(ごうせつちたい)で、雪国独特の文化や生活習慣は時代を越えて、今では新庄市の伝統として受け継がれています。このお話では、優しい心を失わない“思いやりの心”の大切さを教えています。おじいさんは、おばあさんと一生懸命作った五つの笠をお地蔵さまに差し上げました。その上、一つ足らなかったので、おじいさんは自分のかぶっていた笠まで「かんべんしてください。」と言いながら差し上げたのです。

 확인문제

① あじいさんとおばあさんの仕事は何ですか。

② おおみそかの夜、二人はいくつ笠を作りましたか。

③ おじいさんは、自分の笠をどうしましたか。

④ お地蔵(じぞう)さまたちは、何を持っておじいさんの家に来ましたか。

⑤ それは なぜですか。

🌸 新しい ことば 🌸

· 笠(かさ) … 삿갓

· くらし … 살기, 생활

· 仲良(なかよ)く … 사이좋게

· おおみそか … 섣달 그믐날

· お正月(しょうがつ) … 설날

· がんばる … 노력하다

· やれやれ … 아이고, 안도를 나타냄

· やっと … 겨우

· ふぶき … 눈보라

· ～ておくれ … ～해줘(명령형)

· できたて … 막 만든

· ぼろぼろ … 너덜너덜 * 헌 옷 등이 해진 모양

· がっかり … 몹시 실망하는 모양

· しばらく … 잠시, 당분간

· ふと … 문득, 돌연, 언뜻

· お地蔵(じぞう)さま … 지장보살님 * 地蔵(じぞう) 돌로 만들어 사당이
   나 길가에 세워진 부처로, 나그네나 어린이를 수호한다고 알려져 있다.

· 立(た)ちどまる … 멈춰서다

· 頭(あたま) … 머리

· 肩(かた) … 어깨

· つもる … 쌓이다

- はらう … 제거하다, 털어내다 (지불하다, 값을 치르다는 뜻도 있다.)

- かんべんする … 용서하다

- あっという間(ま)に … 순식간에

- 真(ま)っ白(しろ)だ … 새하얗다

- もどる … 돌아오다, 돌아가다

- うなずく … 고개를 끄덕이다, 수긍하다

- じょうぶな体(からだ) … 건강한 몸

- お湯(ゆ) … 뜨거운 물

- 薄(うす)い … 얇은

- くるまる … 둘러쓰다, 몸을 감싸다

- 真夜中(まよなか) … 한밤중

- お米(こめ) … 쌀

- もち … 떡

- 野菜(やさい) … 야채

- そっと … 살짝, 살며시

- 小判(こばん) … 에도(江戸)시대에 쓰이던 타원형의 금화

- にっこり … 생긋, 방긋 ＊말없이 웃는 모양

- 姿(すがた) … 모습

- お礼(れい)を言(い)う … 감사의 말을 하다

- 夜(よ)が明(あ)ける … 날이 새다

- おにしめ … 야채, 고기 따위를 간장으로 조린 음식(설날음식)

🔵 삽화가의 한마디 ❀ ﹨╱ ❀ ﹨╱ ❀ ﹨╱ ❀ ﹨╱ ❀ ﹨╱ ❀ ﹨╱

かさじぞう로부터 받은 것 중에 할아버지가 안고 있는 🐟 는 「たい(도미)」인데, 일본에서는 설날이나 경사스런 일이 있을 때 「おめでたい(경사스럽다)」라는 의미로 먹는 생선입니다. 그리고 🛢 는 「おさけ」(술)이고 할머니 앞에 그려져 있는 🍡 는 「かがみもち」라는 설날에 차려두는 떡입니다. 일본인들은 설날에 '쌀의 신'이 깃든 음식을 먹음으로써, 복을 부르고, 생활을 더 윤택하게 한다는 믿음을 가지고 있습니다. 그래서 떡을 장식하고 그 떡으로 여러 가지 음식을 만들어서 먹는데, 설날이 지나 라디오나 텔레비전의 요리방송에서는 「もち 특집」을 하기도 합니다. 또, 🍱 는 「重箱(じゅうばこ:찬합)」로, 「お節料理(おせちりょうり)」를 넣는 찬합입니다. 「お節料理(おせちりょうり)」는 설날「正月(しょうがつ)」에 먹는 전통적인 음식으로, 건강과 안녕을 기원하는 의미가 담겨 있습니다. 예를 들어 🍲 「はす(연근)」는 구멍으로 앞이 잘 보인다는 뜻에서 '밝은 장래'를 의미하고, 🫛 「まめ(콩)」는 「まめまめしく(착실하고 부지런하게)」, 「こぶ」(다시마)는 「よろこぶ(기뻐하다)」라는 의미를 지닙니다.

문형연습

1 ～ても ～しか ～ません   ~해도 ~밖에 + 부정

· どんなにがんばっても、半分しか食べられません。

  아무리 해도 반밖에 못 먹겠어요.

· いくら働いても月10万円しか稼げません。

  아무리 일해도 월 10만엔밖에 벌 수 없습니다.

2 ～ないうちに   ~하기 전에

· 雨が降らないうちに、洗濯物を取りこまないと。

  비가 내리기 전에 빨래를 거두어야지.

· みんなが勘付かないうちに、この問題を片付けてしまい

  ましょう。

  모두가 알아채기 전에 이 문제를 처리해 버립시다.

3 ～ことにしました   ~하기로 했습니다(결정)

· このマンションを買うことにしました。

  이 맨션을 사기로 했습니다.

· 来月で仕事を辞めることにしました。

  다음 달로 일을 그만두기로 했습니다.

44   日本の昔話

4 　～ではありませんか　　　~(것)이 아닙니까?

・私が手を握ると、その人も手を握りかえすではありませんか。

　내가 손을 잡자, 그 사람도 손을 잡는 것이 아닙니까?

・包帯を取って、おそるおそる目を開けると、ちゃんと見えるではありませんか。

　붕대를 풀고, 조심 조심 눈을 뜨자, 딱 하고 보이는 것이 아닙니까?

5 　～(る)まで　　　　　～때까지

・小麦粉のかたまりがなくなるまで、よく混ぜてください。

　밀가루 덩어리가 없어질 때까지 잘 섞어 주세요.

・自分で歩くことができなくなるまで、祖父は仕事を続けていました。

　스스로 걸을 수 없게 될 때까지, 할아버지는 일을 계속하셨습니다.

4. こぶとりじいさん

🎧04

　むかしむかし、右のほっぺたに大きなこぶのあるおじい
さんがいました。

　「このこぶが取れたら、どんなにすっきりするだろう[1]」
と、いつもおじいさんは思っていました。

5　ある日、おじいさんは山へたきぎを取りに行った帰り
道、大雨に降られました。あわてて木の下にかけ込みまし
たが、雨はやみそうにありません[2]。ふと見ると、ほら穴が
あることに気がつき、おじいさんは走ってほら穴の奥へ入
りました。安心したとたん、おじいさんは眠くなり、そこ
10　で寝てしまいました。

どのくらい時間がたったでしょう。

エンヤラホレホレエンヤラサ

　にぎやかな歌声で、おじいさんは目を覚ましました。歌声にまじって笑い声や拍手が聞こえます。そっと起きて歌声の方へ行ってみると、もうびっくり。赤鬼や青鬼が丸く輪になって、お酒を飲みながら歌ったりヒョイヒョイ足をあげて踊っているのです。おじいさんはこわくて震えましたが、体の奥はウズウズしてきました。

「このまま見つかれば、どうせ食べられるに決まってる[3]。それなら食べられる前に、一踊りさせてもらおう[4]。」

踊りの大好きなおじいさんは、鬼の輪の真ん中に踊り出ました。

5 「おっ、人間のじいさんじゃねえか。食っちまえ。」

「いや、まてまて。なかなかおもしろい踊りだぞ。」

鬼達はそういって、歌いながら手拍子を打ちました。おじいさんはクルクル回ったり、手をヒラヒラさせて踊り続けました。鬼達は喜んで、ひざをたたいて笑い、おじいさんの真似をして踊りました。

10

ピーヒャラ、ドンドコエンヤラサ

そして、おじいさんが踊り疲れて汗びっしょりになると、鬼の親分が出て来て、言いました。

「こんなゆかいな踊りは初めてだ。明日の晩も踊りに来るか。」

15 「ああ、そりゃ、もう…」

おじいさんが答えると、鬼の親分は、

「それならおまえの大事なものを預かっておく。それなら、明日の晩も必ず来るだろうからな。」

　そう言って、さっとおじいさんの右のほっぺたから、こ
ぶを取ってしまいました。おじいさんは驚いて、ほっぺた
を触りました。つるりとしています。おじいさんはうれし
くてたまらないのですが、わざと

　「ありゃ困ったなあ。大事なもんを取られた。」

　と言いながら、ほら穴を出て山を転がるように走って下
りました。家に帰ると、もう朝でした。

　「おや、おじいさん。そのほっぺた、どうしたね。」

4

5

こぶとりじいさん　**49**

　おじいさんのつるりとしたほっぺたを見て、おばあさん

が大声で言いました。その声で、隣の家のおじいさんが飛

び出てきました。そして、やっぱりつるりとしたほっぺた

を見て、大声で言いました。

5　「どこで取ってもらったのか！」

　隣のおじいさんも左のほっぺたにこぶがあったのです。

こぶを取ってもらったおじいさんは、ほっぺたをなでなが

ら、ほら穴で会った鬼達のことを話しました。

　「いいことを聞いた。それならわしも今夜ほら穴へ行っ

て、こぶを取ってもらおう。」

隣のおじいさんは、大喜びでそう決めました。

夜になりました。隣のおじいさんは山を登って、教えて
もらったほら穴へワクワクして入って行きました。だんだ
ん歌声が近づいてきました。すると、

「おう、昨日のじいさん待ってたぞ。」

酔っぱらった鬼達は隣のおじいさんを拍手して迎えま
す。しかし、隣のおじいさんは初めて鬼を見たので、ガタ
ガタ震えて腰をぬかしそうになりました<u>5</u>。鬼達はほれ踊
れ、ほれ踊れとはやしたてます。

けれども踊りが下手な隣のおじいさんは、一歩足を出す
だけがやっとです。

「どうした。早く昨日みたいに踊れ。」

「食っちまうぞ。昨日と同じ踊りでいいからやれ。」

5　鬼達が怒りだしました。鬼の親分は鼻息荒く立ちあが
り、隣のおじいさんのところへドカドカやってきました。

そして、「もう二度と来るな！こんなもの返してやる！」
と、隣のおじいさんの右のほっぺたに昨日のおじいさんの
こぶをぽこり！くっつけました。

10　あーあ。隣のおじいさんは両方のほっぺたからこぶをさ
げて、オイオイ泣きながら山道を帰りました。

「こぶとりじいさん」について

韓国にも「혹부리 영감」のお話がありますよね。韓国のお話では、「気が短かくて欲の深いおじいさん」が、最後に2つのこぶをさげることになるので、とても理解しやすいのですが、ここでは、ただ単に「こぶが取りたかった隣のおじいさん」です。隣のおじいさんは鬼が怖くて、踊りが下手だっただけなのです。「人の真似をしてもすべて上手にいくとは限らない」ということを教えているかも知れません。あるいは、もともと韓国と同じ内容だったのが、いつの間にか変わってしまったお話かも知れませんね。

 확인문제

① おじいさんは、なぜほら穴（あな）に入ったのですか。

② ほら穴（あな）のなかで、鬼（おに）たちは何をしていましたか。

③ 鬼の親分（おやぶん）はなぜおじいさんのこぶを取ったのですか。

④ 隣（となり）のおじいさんは、なぜ鬼のところへ行ったのですか。

⑤ 鬼の親分（おやぶん）はなぜ怒（おこ）ったのですか。

🌸 新しい ことば 🌸

- ほっぺた … 뺨, 볼

- こぶ … 혹

- 取(と)れる … 붙어 있던 것이 떨어지다

- すっきり … 시원하게

- あわてる … 당황하다

- かけ込(こ)む … 뛰어들다

- ほら穴(あな) … 동굴

- 目(め)を覚(さ)ます … 잠이 깨다

- 拍手(はくしゅ) … 박수

- 鬼(おに) … 도깨비

- 輪(わ) … 고리, 원

- ヒョイヒョイ … 깡총깡총

- 震(ふる)える … 떨리다

- ウズウズ … 근질근질

- 手拍子(てびょうし)を打(う)つ … 손장단을 맞추다

- クルクル … 빙글빙글

- ヒラヒラ … 너풀너풀

- ひざをたたく … 무릎을 치다

- 真似(まね)をする … 흉내내다

- 汗(あせ) … 땀

- びっしょり … 흠뻑

- 親分(おやぶん) … 두목

- 預(あず)かる … 맡기다, 보관하다

- 触(さわ)る … 만지다

- つるり … 반들반들

- わざと … 일부러

- 隣(となり) … 이웃, 옆집

- 飛(と)び出(だ)す … 뛰어나오다

- なでる … 어루만지다

- ワクワク … 두근두근 * 기대감으로 들뜬 기분을 나타내는 말

- 酔(よ)っぱらう … 술취하다

- ガタガタ … 부들부들

- 腰(こし)をぬかす … (깜짝 놀라)힘이 빠져 일어설 기력이 없다

- はやしたてる … 손뼉을 치며 장단을 맞추다

삽화가의 한마디

일본의 전설상의 대표적인 두 괴물 おに와 天狗(てんぐ)를 비교해볼까요?

성질이 난폭함 — 소의 뿔

호랑이의
송곳니

うちでのこづち
(요술방망이)
방망이 모양이
한국과 다름.

호랑이 가죽의
ふんどし(샅바)

おに

羽団扇(はうちわ)
라는 새의 깃털로 만든
부채를 가지고 있다.

얼굴이 붉고

코가 길며

날개가 있음

특징:사람 모습을
하고 있으며 신통
력이 있음.

天狗(てんぐ)

1 ~たら、どんなに~だろう　~하면 얼마나 ~할까?

・こんな広いマンションで暮せたら、どんなにいいだろう。

이렇게 넓은 맨션에서 살 수 있다면 얼마나 좋을까?

・好きな事を仕事にできたら、どんなに幸せだろう。

좋아하는 일을 직업으로 할 수 있다면, 얼마나 행복할까?

2 ~そうにありません　~할 것 같지 않습니다

・どんなになだめても、父の怒りはおさまりそうにありませんでした。

아무리 사정해도(어르고 달래도), 아버지의 노여움은 풀릴 것 같지 않았습니다.

・当分、長い休みは取れそうにありません。

당분간, 긴 휴가는 얻을 수 있을 것 같지 않습니다.

3 ~に決(き)まっている　~할 게 뻔하다

・どうせすぐあきるに決まってるよ。

어차피 금세 질릴 게 틀림없어.

・彼と試合をしても、負けるに決まってる。

그 사람과 시합을 해도, 질 게 뻔하다.

4 　～させてもらおう　　　　　～해야지

· ちょっとここで一服させてもらおう。

　잠깐 여기서 좀 쉬어야겠다. (一服する 잠시 쉬다)

· 私もご一緒させてもらおうかしら。

　저도 같이 할까요? (여성어)

5 　～そうになる　　　　　～할 뻔하다

· 思わず、怒鳴りそうになりました。

　무심코(화가 나서) 호통을 칠 뻔 했습니다.

· 感動して、涙が出そうになりました。

　감동해서 눈물이 나올 뻔 했습니다.

5. さると かに

🎧05

　むかしむかしのある日のこと、さるとかにが山へ遊びに行きました。

　よいしょ、よいしょと山道を登って行くと、さるは柿の種を見つけました。もうしばらく行くと、今度は、かにがおにぎりを見つけました。すると、さるが言いました。

　「おいしそうなおにぎりだけど、一度食べたらそれっきり。でも柿の種は、植えて育てれば柿の実どっさり、食べても食べても食べきれない¹。どうだい、かにくん。おにぎりと柿の種をとりかえようよ。」

　「そうだね、柿の実どっさり、楽しみだよね。」

　かにがおにぎりをあげると、さるは、ぱくぱくおいしそうに食べました。

　柿の種をもらったかには、にこにこ喜んで家に帰って行きました。

　そして、さっそく庭の真ん中に、柿の種を植えると、毎日水をやりながら言いました。

　「早く芽を出せ柿の種出さぬと[2] はさみでちょんぎるぞ。」

　ちょんぎられたらたまらない[3]。と柿はぴょこんと芽を出しました。

かにははりきって、

「早く木になれ柿の芽よ ならぬと はさみで ちょんぎるぞ。」

はさみでちょんぎられたらたまらない。柿は、ぐんぐん

育って木になり、花を咲かせました。

5　「早く実になれ柿の木よ ならぬと はさみで ちょんぎるぞ。」

はさみでちょんぎられたら大変。柿の木は、ぽんぽん赤

い実をたくさんつけました。

「やったあ。うれしいなあ。」

そこへさるがやってきて、柿の木を見て言いました。

10　「かにくん、柿を取ってやるよ。」

「そうかい、ぼく、木に登れないからどうしようって思っ

てたとこなんだ[4]。ありがとう。」

かにがお礼を言うと、さるは、さささーと木に登りました。

でも、かににはあげないで、自分だけしゃりしゃり赤い

15　実を食べています。

「ああ、甘い。うーん、おいしい。」

「さるくん、ぼくにも一つちょうだいよ。」

木の下で、かにが何度も何度も言うと、さるは、

「うるさいなあ、じゃ、これでも食べな。」

と、かたくて青い実をかににむかって投げました。

ぱしゃーん！

「うわあ！」

　さるが投げた青い実が、かににぶつかり、こうらがこな 5

ごなにくだけてしまったのです。

　さるはおなかいっぱい食べつづけた5後、死にそうなかに

を放ったまま庭を出て行きました。

　そこへ友達のくりとはちとこんぶと石うすが、かにの家
へやって来ました。

　かには苦しみながら、これまでのことを話して死んでし
まいました。

5　「なんてひどい。気の毒なかにくん。」

　「食いしんぼうで、欲張りなさるめ。」

　「よーし、みんなで、さるをこらしめよう。」

　くりとはちとこんぶと石うすは、かにをお墓に埋めて、
かたきうちの相談をしました。

そして、くりとはちとこんぶと石うすは、さるの家へ行きました。さるは、出かけていて留守でした。くりは、いろりの灰の中にもぐって、はちは、水がめのうしろに隠れます。こんぶは、出入り口のしきいにねそべり、石うすは、屋根の上に登りました。夕方、さるが帰って来ました。

　「ああ、寒い寒い。」

　さるは、いろりの火にあたろうとしました。そのとたん、ぱちーん！さるの鼻をめがけて、飛び出してきたのは、くり。

　「あちちちちー」

　鼻をやけどしたさるは、水で冷やそうと水がめのそばへ行きました。今度は、ぶーん、ちくん！水がめのうしろから、はちが出て来て、さるの目の上を思いっきりさしました。

　「いたい、いたーい」

　べそをかいて外へ逃げようとすると、すてーん！しきいのこんぶに思いっきりすべってころびました。どすーん！今度は、石うすが屋根から、さるの上に落ちて来たから、もう逃げられません。

　「たすけてー、たすけてー」

5

10

15

泣きながら叫ぶさるに、石うすは怒鳴りました。

「かにくんのかたきだ。まいったか。」

「まいった、まいった。ごめんなさーい！」

　さるは、石うすが許してくれるまで、ぎゅうぎゅうおさえられて、あやまり続けました。

5

「さるとかに」について

「さるかに合戦(がっせん)」という題名でも広く知られているこの話は、佐渡(さど)・越後(えちご)一円(いちえん)で伝えられているものが有名ですが、この地域は江戸時代(えどじだい)に百姓一揆(ひゃくしょういっき)が激しかったところだと言われています。そして、この話の中で、さるは悪代官(あくだいかん)を、かには農民(のうみん)をあらわしていると言います。ここでは猿に復讐(ふくしゅう)するのは石うすたちだけですが、死んだかにから生まれた子がにがそれに加わる話もあり、貧しく、しかしそれにまけずに、明るく、たくましく生きてゆく新しい世代の農民の姿が、その子がにに象徴されているといいます。こう考えて読み直すと、昔話もなかなか深いものがありますね。

 확인문제

① かには、柿(かき)の種(たね)を何と取り替えましたか。

② さるは、かにに柿の実(み)を取ってやるつもりでしたか。

③ かには、なぜさるに柿の実を取ってもらったのですか。

④ かには、なぜ死んだのですか。

⑤ 石(いし)うすたちは、何の相談(そうだん)をしましたか。

❀ 新しい ことば ❀

- よいしょよいしょ … 영차 영차
- 柿(かき) … 감
- 種(たね) … 씨앗
- おにぎり … 주먹밥
- それっきり … 그것뿐
- 植(う)える … 심다
- 育(そだ)てる … 키우다, 기르다
- 柿(かき)の実(み) … 감(열매)
- どっさり … 듬뿍
- ぱくぱく … 우적우적
- にこにこ … 방긋방긋
- 水(みず)をやる … 물을 주다
- 芽(め) … 싹
- ～ぬ … 부정을 나타내는 조동사 ＝ ない
- ちょんぎる … 함부로 자르다
- たまらない … 견딜 수 없다
- ぴょこんと … 쑥
- はりきる … 긴장하다, 어떤 일을 하려는 기운이 넘치다
- ぐんぐん … 부쩍부쩍
- ぽんぽん … 툭툭
- たくさん … 많이

· 向(む)かって … 향해서

· 投(な)げる … 던지다

· ぶつかる … 부딪히다

· こうら … 등 껍질

· こなごな … 산산이

· 放(ほう)ったまま … 내버려둔 채 * ほっといて! (날 좀) 내버려둬

· くだける … 부서지다 * 스스럼 없다는 뜻도 있다. くだけた表現(ひょうげ

   ん) 스스럼 없는 표현

· くり … 밤(栗)

· はち … 벌

· こんぶ … 다시마

· 石(いし)うす … 맷돌

· 食(く)いしんぼう … 먹보

· 欲張(よくば)り … 욕심쟁이

· こらしめる … 응징하다

· お墓(はか) … 무덤

· 埋(う)める … 묻다, 메우다

· 留守(るす) … 외출하고 집에 없음, 집을 비움

· いろり … 화로

· もぐる … 잠입하다

· 水(みず)がめ … 양동이

· しきい … 문지방

· 思(おも)いっきり … 실컷, 마음껏, 힘껏 * 참고로 思(おも)いきっては

모양은 비슷하지만 '결심하고, 눈 딱 감고'의 뜻이다.

· ねそべる … 엎드리다

· めがける … 목표로 하다, 겨냥하다

· さす … 찌르다

· べそをかく … 울상을 짓다

· すべる … 미끄러지다

· ころぶ … 쓰러지다

· 怒鳴(どな)る … 고함치다, 호통치다 * 화가 난 상태

· まいる … (승부에) 지다, 두 손 들다, 몸이나 마음이 지치다

· かたき … 복수

· ぎゅうぎゅう … 사람이나 물건이 좁은 공간에 빈틈없이 꽉 찬 모양을 나타내기도 하고, 힘이나 말로 크게 닥달하는 모양을 나타낸다.

· おさえられる … 눌러서 움직이지 못하게 되다

· あやまり続(つづ)ける … 사과를 계속하다 * 용서를 빌고 또 빌었다.

삽화가의 한마디 🌸 ＼ｌ／ 🌸 ＼ｌ／ 🌸 ＼ｌ／ 🌸 ＼ｌ／ 🌸 ＼ｌ／ 🌸 ＼ｌ／ 🌸 ＼ｌ／

옛날 일본인들은 「かや(새)」라는 식물을 이어서 지붕을 만들어 집을 지었는데 이 「かやぶきやね(새이엉으로 이어만든 지붕)」가 곤충이나 습기로 썩지 않도록 만든 장치가 「いろり」입니다. 「いろり」는 마룻바닥을 사각형으로 도려파서 화로처럼 불을 피울 수 있게 만들었는데 취사용, 방한용의 쓰임도 있었지만, 연기로 쐬어 지붕이 썩지 않게 하는 방충제로서의 역할이 더 컸다고 합니다.

문형연습

1 (~ても) ~きれない   완전히(딱잘라) ~할 수 없다

· あんなひどいことを言ってしまって、悔やんでも悔やみ
きれない。

  그렇게 심한 말을 해버렸으니, 후회해도 다 후회할 수 없다.

· このままでは死んでも死にきれない。

  이대로면 죽을래도 죽을 수 없다.

2 ~ぬと   ~지 않으면(고어체)=ないと

· 言うことを聞かぬとどうなるかわかっておるな。

  말을 듣지 않으면 어떻게 될지 알고 있겠지!(드라마 대사)

· 泣かぬなら殺してしまえ。ホトトギス。

  울지 않을 바엔 죽여버려라. 두견새.

3 ~たらたまらない   ~한다면 참을 수 없다

· そんな小さなことまで文句を言われたらたまらない。

  그렇게 소소한 것까지 불평을 하니 참을 수가 없다.

· 新品の服を汚されたらたまらない。

  새로 산 옷을 더럽힌다면 참을 수 없다.

4 どうしようと思う　어떻게 하나 생각하다

· 私、英語がしゃべれないから、どうしようって思ってた
ところなの。

나, 영어를 못해서 어떻게 할까 생각중이야.(여성어)

· 誰も来なかったらどうしようと思ったよ。

아무도 안 오면 어떡하나 했어요.

5 ～つづける　계속 ~하다

· 休まずに働き続けた結果、とうとう倒れてしまった。

쉬지 않고 계속 일한 결과, 결국 쓰러지고 말았다.

· 二時間もの間、彼女は一人でしゃべり続けた。

두 시간 동안이나 그녀는 혼자서 계속 떠들어댔다.

6. つるのおんがえし

🎧 06

　むかしむかし、貧乏で一人で住んでいる若い男がいました。冬になり雪がたくさんふっていた、ある日のことです。男が家へ帰る途中、へんな音が聞こえました。そのうめき声のようなへんな音がどこから来るのかをさがしに、

5　むこうの畑に行ってみました。すると、羽に矢をうけて鳴いている鶴が一羽いました。男は、苦しんでいる鶴の矢を拔いてやりました[1]。助けられた鶴は、空へ飛び立ちました。

　そして男は家へ帰りました。

　一人ぐらしの貧しい男なので、生活は苦しくさびしく、普段は誰もたずねて来ません。しかしその夜、家の戸をトントンたたく音が聞こえました。深い雪の日のこんなおそい時間に誰が来たかと男は思いながら、戸をあけてびっくりしました。きれいな女が立っているのです。

「道に迷いましたので、今晩ここに泊まらせてください。」

と女は言いました。男は泊めてやりました。次の夜も女は泊まらせてほしいとたのみました。また男は泊めてやりました。その次の夜も同じように女は男の家に泊まりました。

5

　そうして月日がたち、二人は夫婦になりました。二人は
貧乏でしたが、幸せで明るい生活を送りました。しかし、
長い冬がつづいて、お金も食べるものもなくなり、二人は
もっと貧しくなりました。

5　　ある日、女房は、はたを織ることにしました。男は家
の奥の部屋に、はたを備えつけました。はたを織る前に、
女房は男にたのみました。

　「ぜったいにのぞいてはいけません [2]。」

　男は約束をしました。女房は奥の部屋の戸をしめて、は
たを織りはじめました。

三日三晩のあいだ、女房は熱心に織りつづけました。三日目の夜、織物ができました。女房は疲れきって出てきましたが、織物はすばらしいできばえでした。男は織物を売りに町へでかけました。めったにないすばらしい織物だったので、とても高く売れました。

　そのお金のおかげで生活ができましたが、冬は長くて、またお金も食べものもなくなってしまいました。そこで、女房は、もう一度はたを織ることにして、またのぞかないように男にたのみました。三日三晩待っていても、まだ織りおわりません。四日目の夜、疲れてやつれた女房は前より美しい織物をもって出てきました。男が町へ売りにでかけると、前よりもっといい値で織物が売れました。

5

6

10

シーシ
シーシ

女房のおかげて幸せになったのに、男はもっとお金がほしくなりました。お金がほしくてほしくて、それにどのように女房がはたを織るのかを知りたくて、女房にもう一つの織物をたのみました。やつれた女房はお金がそんなに必要でないと思いましたが、しぶしぶ織ることにしました。

　「ぜったいにのぞいてはいけません。」

　と言ってから、女房は織りはじめました。ますます、男は女房がどのように、はたを織るのか知りたくなったのです。もうがまんできなくて、奥の部屋に行って、障子を少しだけあけました。でも、見えたのは女房ではありませんでした。びっくりして、声を出してしまいました。なんと、大きな鶴が、自分のはねをぬいて、織物を作っていたのです。なぜそんなにすばらしい織物ができあがったのかわかりましたが[3]、そのとき、鶴が男のことに気つき、女房の姿にもどりました。びっくりした男に女房は言いました。

　「あの時、畑で助けてもらった鶴です。恩返しをしようと、一度だけ人間の姿になることを許されました。でも、もう行かなければなりません[4]。どうか幸せに暮らしてください。」

　助けられた鶴が女の姿になり、その貧しい若い男のため
に、自分の体を傷つけてまで[5]織物を作ってあげていたの
でした。男は、約束をやぶったことをとても後悔しました
が、今となっては別れるよりしかたがありません[6]。そし
て女房は鶴の姿にもどって、ゆっくりと空へ飛び立ちまし
た。別れを惜しむかのように鳴きながら、遠くへ飛んで行
きました。男は、いつまでも、いつまでも、鶴の飛び去っ
ていった空を眺め続けました。

「つるのおんがえし」について

雪国(ゆきぐに)を舞台にした昔話の中でも、もっとも美しく、悲しいお話の一つといえるでしょう。真っ白な翼を持つ、鶴のすらりとした姿は、なるほど美しい女の人のようですね。

このお話は何度も舞台映画化されており、中でも劇作家(げきさっか)、木下順二(きのした・じゅんじ)が脚本(きゃくほん)を書いた「夕鶴(ゆうづる)」は戦後間もないころから何十年もロングランを続けた人気作品です。優しい心をもちながらも、欲に目が眩(くら)んでしまう人間の哀(かな)しさが巧(たく)みに描かれていることがその人気の秘密でしょうか。

 확인문제

① 鶴(つる)は、なぜ苦しんでいたのですか。

② 女は、何と言って、男の家に来ましたか。

③ はたを織(お)るとき、女房(にょうぼう)は男に何を頼(たの)みましたか。

④ おとこが三枚目(さんまいめ)の織物(おりもの)を女房に頼(たの)んだのはなぜですか。

⑤ 女房は実は何でしたか。

🌸 新しい ことば 🌸

· 貧乏(びんぼう)な … 가난한

· 途中(とちゅう) … 도중에

· へんな … 이상한

· うめき声(ごえ) … 신음소리 * うめく 신음하다

· 畑(はたけ) … 밭

· 羽(はね) … 날개, 깃털

· 矢(や)をうける … 화살을 맞다

· 一羽(いちわ) … 한 마리 * 羽는 나는 동물을 세는 단위

· 拔(ぬ)く … 빼다

· 普段(ふだん) … 보통때, 평소

· トントン … 문을 두드리는 소리, 똑똑

· たたく … 두드리다

· 道(みち)に迷(まよ)う … 길을 잃다

· 泊(と)める … 재우다(집에서 자게 해주다)

· 月日(つきひ) … 세월

· はたを織(お)る … 베를 짜다

· 貧(まず)しい … 가난하다

· 備(そな)えつける … 설치하다, 갖추어놓다

· 女房(にょうぼう) … 아내 * 家内(かない) 집사람

· のぞく … (작은 구멍으로)엿보다

· 戸(と)をしめる … 문을 닫다

- 織物(おりもの) … 직물, 짠 것

- 疲(つか)れきる … 피곤하여 지치다 = くたびれる

- できばえ … (만들어낸)솜씨

- めったにない … 좀체로 없는

- やつれる … 수척해지다, 야위다

- しぶしぶ … 마지못해, 떨떠름하게 * しぶい 떫다

- がまんできない … 참을 수 없다

- 障子(しょうじ) … 장지문(미닫이문)

- 声(こえ)を出(だ)す … 목소리를 내다

- 恩返(おんがえ)しをする … 은혜를 갚다

- 傷(きず)つける … 상처입히다

- 後悔(こうかい)する … 후회하다

삽화가의 한마디

우리나라 사람들이(특히 남자가) '양반다리'를 주로 한다면 일본인들은 남녀불문하고 正座(せいざ)를 하는데, 正座는 무릎을 꿇고 앉는 것입니다. 일본과 한국은 앉는 법에 대한 인식이 좀 다른데, 우리나라 여성들이 한복을 입었을 때 주로 앉는 방법인 한쪽 다리를 세우고 앉는 것은, 일본에서는 立(た)てひざ(무릎을 세워 앉는 것)라고 해서 옛날에 몸을 파는 여자들이 호객행위를 할 때 취했던 자세로 몹시 안 좋은 모습으로 여깁니다. 그것은 일본의 옛날 전통적인 옷차림과 관련이 있는데, 거꾸로 폭이 좁은 기모노를 입고 양반다리를 하거나 한쪽 무릎을 세워 앉는 것은 생각만 해도 우습지요.

문형연습

1 〜てやりました　　　　　　~해 주었습니다

· 子供の前髪を切ってやりました。

아이의 앞 머리를 잘라주었습니다.

· 孫を遊園地に連れていってやりました。

손자를 유원지에 데리고 가 주었습니다.

2 〜てはいけません　　　　　~해서는 안 됩니다

· この部屋にある展示物に触ってはいけません。

이 방에 있는 전시물에 손대면 안 됩니다.

· この先、関係者以外は入ってはいけません。

이 앞으로는 관계자 이외는 들어가서는 안 됩니다.

3 なぜ〜かわかりました　　　왜 ~지 알았습니다

· なぜ、彼が自分のことをあまり話さなかったかわかりました。

왜, 그 사람이 자신에 대해 별로 말하지 않았는지 알았습니다.

· なぜあの子が、最近元気がなかったかわかりました。

왜 그 아이가 요즘 힘이 없었는지 알았습니다.

4 ～なければなりません ～하지 않으면 안 됩니다

· そろそろ帰らなければなりません。

이제 슬슬 돌아가야 합니다.

· 次の電車に乗らなければなりません。

다음 전철을 타야 합니다.

5 ～てまで ～하면서까지

· 体をこわしてまで働くことはないのに…。

몸을 망치면서까지 일할 건 없는데….

· 自腹を切ってまでおごることはないのに…。

구태여 자기 돈으로 내면서까지 한턱낼 필요는 없는데….

6 今となっては～よりしかたありません 이젠 ～하는 수밖에 없습니다

· 今となっては、あきらめるよりしかたありません。

이렇게 된 이상 포기하는 수밖에 없습니다.

· 今となっては、このまま最後までがんばるよりしかたあ
りません。

이젠 이대로 끝까지 열심히 하는 수밖에 없습니다.

7. うらしまたろう

　むかしむかし、うらしま太郎という魚を釣るのがとても上手な若者がいました。太郎は毎朝釣りざおを持って、元気よく海へ出かけて行きます。お父さんとお母さんは、鶏の世話をしたり、いかを干したりしながら、

5　「行っていらっしゃい、気をつけるんだよ[1]。」

　と、優しく太郎を見送りました。

　ある日のことです。魚釣りの帰り、太郎は浜辺で、かめをいじめている子供達を見かけました。

　「かわいそうに、かめを棒でたたくのはやめなさい[2]。」

10　太郎がそう言うと、子供達は言い返しました。

　「やめてやるから、お金をくれ。」

　太郎がお金を渡すと、子供達ははしゃぎながら、走って行きました。太郎はにっこり笑って、

　「良かったね、もうつかまるんじゃないよ[1]。」

　と、かめを海に逃がしてやりました。

次の日、太郎が海で魚釣りをしていると、大きなかめが
やって来ました。

　「昨日は子がめを助けてくださって[3]、ありがとうござい
ました。お礼に龍宮城へお連れいたします。どうぞ私の背
中にお乗りください[4]。」

　太郎は少しだけ龍宮城という所を見てこようと、かめの
背中に乗りました。すると、かめは海の底へ泳いで行きま
した。

　「わあ、きれいだなあ。」

こんぶの野原を渡り、さんごの林をぬけると、向こうに宝石で飾られた龍宮城が見えてきました。

龍宮城の門の前では美しいお姫様が、太郎が来るのを待っています。かめはそっと太郎に教えました。

「あの方は乙姫様と言って、素晴らしい魔法の力をもっていらっしゃいます5。」

龍宮城に着くと、太郎は大広間に案内されました。大理石のテーブルには、太郎のために用意されたごちそうがならんでいます。太郎は魚達のキラキラ踊りを見ながら、ごちそうをいっぱい食べました。

乙姫様は、龍宮城の中を案内してくれたり、海の不思議な物語をたくさん聞かせてくれました。太郎は、毎日ごちそうを食べ、魚達と遊び、美しい乙姫様と歌ったりおしゃべりしたりして、月日のたつのも忘れるほど嬉しく楽しく過ごしました。

けれども、太郎はだんだん家に帰りたくなってきました。お父さんやお母さんに会いたくなったのです。そこで、太郎は乙姫様の部屋へ行き、言いました。

「私はそろそろ帰ります。本当によくしていただいて[6]、ありがとうございました。」

「そうですか、お帰りになられますか。」

乙姫様はそう言うと、黒い箱を出して太郎に渡しました。

「お土産にたまてばこを差し上げましょう。でも、どんなことがあってもふたを開けてはいけませんよ。」

たまてばこをもらった太郎は、かめの背中に乗せてもらい、住んでいた浜辺に帰りました。

　それから急いで家へ走って行きました。けれど、そこには家もなければ、お父さんやお母さんの姿もありませんでした。

　周りにいる人も知らない人ばかりです。太郎は男の人を呼びとめてたずねました。

　「あのう、うらしまという家はどこですか。」

　「うらしまねえ…ああ、ずっと昔に、そんな名前の家があったって聞いたなあ、でも今はもうないよ。」

　そう聞かされて、太郎はヘナヘナと座り込みました。

　「ずっと昔だって…お父さんとお母さんはもう死んでしまったのか…なんてことだ…龍宮城に、ほんの少しのあいだ

出かけていたと思っていたのに、人間の世界では何十年も

たっていたなんて…どうしたらいいんだろう。」

　太郎は悲しくて、声をあげて泣きだしました。そして泣

きながらふと、かめの言ったことを思いだしました。

5　「乙姫様は素晴らしい魔法の力をもっていらっしゃいま

す…。」

　「そうだ。このたまてばこを開けたら、魔法の力で悲しみ

も消えるかもしれない。」

　そう思った太郎は、開けてはいけないと言われていた、

10　たまてばこのふたを開けてしまいました。

　そのとたん、もわもわもわと白い煙が出てきて、太郎は

あっという間に白髪のおじいさんになってしまいました。

「うらしまたろう」について

日本の昔話の中でも最も古い話の一つで、奈良時代(ならじだい)の万葉集(まんようしゅう)や日本書紀(にほんしょき)にもこの話の原型(げんけい)が残っているといいますから、少なくとも1200年以上前からあったことになります。京都府与謝郡(きょうとふ・よさぐん)にある「宇良神社(うらじんじゃ)」は浦島太郎(うらしま・たろう)を祭(まつ)った神社です。長い間外国に住んだあと、帰国した人などを「今浦島(いまうらしま)」と言ったりします。なるほど、韓国にしろ、日本にしろ、30年前の人がいきなり今の世の中にきて携帯電話で話す人々を見たら、さぞびっくりすることでしょうね。

 확인문제

① うらしま太郎は、何が上手ですか。

② かめは、うらしま太郎をどこへつれていきましたか。

③ うらしま太郎が家に帰りたくなったのは、なぜですか。

④ 乙姫様は、たまて箱をくれる時、何と言いましたか。

⑤ うらしま太郎の家は、なぜなかったのですか。

🌸 新しい ことば 🌸

· 魚(さかな)を釣(つ)る … 고기를 잡다

· 釣(つ)りざお … 낚싯대

· 若者(わかもの) … 젊은이

· 世話(せわ)をする … 돌보다, 보살피다

· いか … 오징어

· 干(ほ)す … 말리다

· 見送(みおく)る … 배웅하다

· 浜辺(はまべ) … 바닷가, 해변

· かめ … 거북이

· いじめる … 괴롭히다

· はしゃぐ … 까불며 떠들다

· つかまる … 잡히다

· 逃(に)がす … 놓아주다, 풀어주다

· 竜宮城(りゅうぐうじょう) … 용궁

· 背中(せなか) … 등

· 野原(のはら) … 들판

· さんご … 산호

· 林(はやし) … 숲

· 飾(かざ)る … 장식하다

· お姫様(ひめさま) … 공주님

· 乙姫様(おとひめさま) … 용녀, 용왕의 딸

- 大広間(おおひろま) … 큰 방

- 用意(ようい) … 준비

- ごちそう … 맛있는 음식

- キラキラ … 반짝반짝

- 不思議(ふしぎ) … 불가사의

- 月日(つきひ)がたつ … 세월이 흐르다

- そろそろ … 슬슬

- お土産(みや)げ … 선물(특히 여행지에서 산 선물)

- たまてばこ … 남에게 보일 수 없는 귀중한 것을 넣어둔 상자

- 差(さ)し上(あ)げる … 드리다

- 急(いそ)ぐ … 서두르다 * 急(いそ)いで 서둘러

- まわり … 주의

- ばかり … ~뿐, ~만

- 呼(よ)びとめる … 불러 세우다

- ヘナヘナ … 맥없이, 풀썩

- 座(すわ)り込(こ)む … 주저앉다

- ほんの少(すこ)し … 아주 조금

- 消(き)える … 없어지다, 사라지다

삽화가의 한마디 ❀ ﹨╱ ❀ ﹨╱ ❀ ﹨╱ ❀ ﹨╱ ❀ ﹨╱ ❀ ﹨╱ ❀ ﹨╱

うらしまたろうが 치마처럼 걸치고 있는 것은, '腰(こし)のみ'라고 부르는 것으로 옛날 어부들이 허리에 두른 짧은 도롱이입니다. 'わら(벼나 보리로 된 짚)'로 만들어 몸에 메어서 입었다고 합니다.

1 ~んだよ · ~んじゃないよ　~하는 거야

· 先生の言うことをよく聞くんだよ。

　선생님 말씀 잘 들어야 해.

· 人には親切にするんだよ。

　다른 사람한테 친절하게 하는 거야.

2 ~のはやめなさい　　~하는 것은 그만두어라

· ほおづえをつくのはやめなさい。

　턱 괴고 있지 마.(ほおづえをつく:턱을 괴다)

· 人のいやがることをするのはやめなさい。

　사람들이 싫어하는 짓은 하지 마.

3 ~てくださって　　~해 주셔서

· いろいろと面倒を見てくださって、ありがとうございました。

　여러 가지로 돌봐주셔서 감사합니다.

· 私のことを覚えていてくださってうれしいです。

　저를 기억해주셔서 기뻐요.

4　お〜ください　　　　～해 주십시오

・「これをお使いください。」とハンカチを差し出した。
　"이것을 쓰세요." 하고 손수건을 꺼냈다.

・どうぞ、お好きなだけおとりください。
　자, 좋아하시는 만큼 가져가세요.

5　〜ていらっしゃいます　　　～하고 계십니다

・あちらで、先ほどから社長が待っていらっしゃいます。
　저쪽에서 아까부터 사장님이 기다리고 계십니다.

・ご両親も喜んでいらっしゃるでしょう。
　부모님께서도 기뻐하고 계실 겁니다.

6　〜ていただいて　　　～해 주셔서

・遠くまで足を運んでいただいて感謝しております。
　멀리서 발걸음을 해주셔서 감사합니다.

・気を遣っていただいて、すみません。
　신경 써 주셔서 감사합니다.

8. いっすんぼうし

　むかしむかし、あるところにおじいさんとおばあさんがいました。子どもがいないおじいさんとおばあさんはさびしくて
「手ほどの小さいこどもでもいいからさずけてください。」
と毎日かみさまにお願いしました。ある日、本当に手ほ

5　どのこどもが生まれたので、おじいさんとおばあさんはよろこびました。とても小さい男の子だったので、「いっすんぼうし」という名前をつけて、かわいがってそだてました。

　けれども、三年たってもいっすんぼうしはぜんぜん大きくなりません。五年たっても、大きくなりません[1]。十年た

10　っても、いっすんぼうしは、まだ生まれたときと同じように手ほどの大きさの男の子です。

　おじいさんとおばあさんはしんぱいでした。いくら食べ
させても、いくら大事にしてもいっすんぼうしは大きくな
りません。小さないっすんぼうしは、家でおばあさんのお
手伝いもできないし²、畑におじいさんといっしょに行って
も草を一本しかはこべません。いっすんぼうしは、おどり　　5
と歌が上手になりましたが、せがのびないので仕事ができ
ません。それに村のこどもたちにいつも、

　「ちび、ちび」

とばかにされていました。

いっすんぼうしは、毎日つまらなくて、ある日たびに出かけることにしました。

　「私はみやこに行って仕事を見つけます。」

　と言いました。おじいさんとおばあさんは、とてもさびしいけれど、しかたがなく、いっすんぼうしにおわんとおはしとはりを持たせました。そして、いっすんぼうしはおわんを傘のかわりにかぶって、はりを刀にし、おはしをつえのかわりにしてみやこにむかいました。

　いっすんぼうしは、朝ばん歩きつづけましたが、歩いても歩いてもみやこは遠くてまだつきません。途中で、ありに会って、道をたずねました。

　「ありさん、みやこはどこにありますか。」

　「たんぽぽのみち、つくしのはずれ、川をあがる。」

　とありが教えてくれました。いっすんぼうしは、たんぽぽの道を歩き、つくしの中を歩きつづけて、川につきました。かぶっていたおわんを船にして、おはしのつえをかいにして、いっすんぼうしは、力いっぱい川をこぎあがって行きました。やっと、大きな橋のところに来ると、おおぜ

いの人がその橋を渡っていたので、

「ここはみやこだ。」

と思っていっすんぼうしはおわんの船をおりました。

みやこには人がたくさんいて、いそがしそうにあっちこっち歩いていました。小さないっすんぼうしにとって[3]、こんでいる道はあぶない場所です。

5

8

「つぶされないように 4 気をつけよう。」

と思いながら、いっすんぼうしは歩きました。そして、しずかな道を通って立派なおやしきの前に出ました。いっすんぼうしはげんかんのところまで行って、

「ごめんください。だれかいらっしゃいませんか。」

とよびました。すると、家来がやって来て、

「声が聞こえたけど、だれもいないな。」

と言いました。

「ここにいます。げたのそばにいますよ。」

と小さないっすんぼうしが答えました。家来がげたの方

をのぞいてみると、そこには見たこともない小さい男の子

がいたので、とてもおどろきました。そしていっすんぼう

しをつまみあげて、おひめ様のところにつれて行きました。　5

　おひめ様の前でいっすんぼうしはおどったり、歌ったり

しました。とても上手だったので、みんなはびっくりしま

した。とくにおひめ様はその小さな男の子がかわいくて、

いつもそばにいてほしくなりました。

　それから、いっすんぼうしは、そのやしきで生活するこ　10

とになって⁵、本をめくったり、墨をすったりしておひめ様

のてつだいをしてすごしました。はりで刀の練習も熱心に

しました。おひめ様がでかける時は、いつもいっすんぼう

しをつれて行きました。

　ある日、おひめ様は清水寺にかんのん様をお参りに行きました。その帰り道、とつぜん悪い鬼がやって来て、おひめ様をおそいました。鬼はおひめ様をさらおうとしました。いっすんぼうしは、かおを上げて、

5 　「私はいっすんぼうしだ！かくごしろ。」

　とさけびました。鬼はいっすんぼうしをつまみ上げ、手の指くらいの男の子を見て、

　「ガッハッハ！そんなに小さなおまえに何ができる、このちびめ。」

とあざわらいました。そして、いっすんぼうしを飲みこんでしまいました。でも、鬼のおなかの中で、いっすんぼうしははりの刀であちこちをさしながら、上にのぼって行きました。

「いたい！　いたいー！」

と鬼がさけび声を上げましたが、いっすんぼうしは力いっぱいさしつづけて、鬼の鼻から飛び出てきました。鬼はこうさんして逃げて行きました。

おひめ様はおにがおとした宝物を拾って、いっすんぼうしに言いました。

「これは鬼のたからもので、"うちでのこづち"と言うものです。これをふれば、願いがかなうそうですよ。」

助けられたおひめ様は、いっすんぼうしに

「いっすんぼうしは、何がほしいですか。」

とききました。

「大きくなりたいです⁶。」

といっすんぼうしは答えました。おひめ様は、

「大きくなあれ、大きくなあれ。」

と言いながら「うちでのこづち」をふりました。すると、いっすんぼうしはみるみるうちに大きくなって、立派なわかものになりました。そして、おひめ様は大きくなったいっすんぼうしのおよめさんになりました。いっすんぼうしは、おじいさんとおばあさんをみやこによびよせて、みんないっしょに幸せにくらしました。

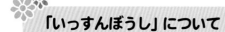

「いっすんぼうし」について

子供たちに大変人気のある昔話です。一寸(いっすん)とは尺貫法(しゃっかんほう)の長さの単位で、約三センチです。そんな小さな体の主人公(しゅじんこう)が、智恵(ちえ)と勇気で大きな鬼に立ち向かってゆき、ついには負(ま)かしてしまう痛快(つうかい)さが受けているのでしょう。さて、このお話の中でお姫様がお参(まい)りに行った清水寺(きよみずでら)は京都(きょうと)にあるお寺で、本堂(ほんどう)は崖(がけ)に臨(のぞ)んで建っています。高さが11メートルもあるところから、思い切って何かをする、という意味の慣用句(かんようく)になっています。「このブランド品のバッグ、清水の舞台から飛び降りるつもりで買っちゃった」のように使われるのです。面白いですね。

8

 확인문제

❶ いっすんぼうしは、どのくらいの大きさでしたか。

❷ いっすんぼうしは、どうやって都に行きましたか。

❸ いっすんぼうしは、おひめ様のところでどんなことをして過ごしましたか。

❹ 鬼(おに)は何をおとして行きましたか。

❺ それはどんなものですか。

🌸 新しい ことば 🌸

・さずける … 하사하다, 주다

・かみさま … 신, 하나님

・大事(だいじ)にする … 소중하게 하다

・お手伝(てつだ)い … 도움

・せがのびない … 키가 자라지 않다

・ちび … 땅꼬마 * 키 작은 사람을 놀리는 말

・ばかにされる … 바보취급당하다

・たびにでかける … 여행길을 나서다

・都(みやこ) … 도읍

・おわん … 밥그릇

・おはし … 젓가락

・はり … 침

・刀(かたな) … 칼

・つえ … 방망이

・たんぽぽ … 민들레

・つくし … 뱀풀

・はずれ … 변두리(떨어진 곳)

・力(ちから)いっぱい … 힘껏

・やっと … 겨우

・つぶされないように … 뭉개지지 않도록

・立派(りっぱ)な … 훌륭한

- 前(まえ)に出(で)る … 앞에 나오다, 앞에 당도하다

- げんかん … 현관

- 家来(けらい) … 하인, 가신(家臣)

- げた … 게타(일본의 나막신)

- 本(ほん)をめくる … 책장을 넘기다

- 墨(すみ)をする … 먹을 갈다

- 清水寺(きよみずでら) … 키요미즈데라(유명한 사찰)

- かんのん様(さま) … 관음보살님

- お参(まい)りに行く … 참배하러 가다

- さらう … 채가다

- かくご(覚悟)しろ … 각오해라

- あざわらう … 비웃다, 조소하다

- 飲(の)みこむ … 삼키다

- こうさんする … 항복하다, 두 손을 들다

- うちでのこづち(打出の小槌) … 요술방망이

🌀 삽화가의 한마디 ❀ ⋎ ❀ ⋎ ❀ ⋎ ❀ ⋎ ❀ ⋎ ❀ ⋎

一寸法師(いっすんぼうし)가 밥을 먹으려고 올라가 있는 █「お膳(ぜん)」은 개인용 밥상입니다. 식탁이나 「ちゃぶたい(다리가 낮은 밥상)」가 없었던 시대에는 「お膳(ぜん)」을 사용하여 따로 따로 앉아 식사를 했는데, 식사 후에는 「おぜん」을 뒤엎어 뚜껑처럼 해서 그것을 겹쳐 보관했어요. 「おぜん」이 겹쳐져 있는 수를 세어 보면 식구가 몇 명인지 대충 알 수 있겠지요.

1 いくら ～ても　　　　　아무리 ~해도

· いくら食べても太らない体がほしいです。

아무리 먹어도 살찌지 않는 몸이었으면 좋겠습니다.

· いくら呼んでも返事がありません。

아무리 불러도 대답이 없습니다.

2 ～し、～し　　　열거할 때 (肯定＋肯定 or 否定＋否定)

· 彼女は勉強もできるし、スポーツも万能です。

그녀는 공부도 잘하고, 운동도 못하는 게 없습니다.

· うちの夫は、料理もしないし、掃除もきらいです。

우리 남편은 요리도 안하고, 청소도 싫어해요.

3 ～にとって　　　　　　～에게 있어서

· 私にとって、家族はかけがえのないものです。

저에게 있어 가족은 무엇과도 바꿀 수 없는 것입니다.

· 経験の浅い彼にとっては、これは難しい仕事だろう。

경험이 적은 그에게 있어서, 이건 어려운 일이겠지.

4 ～ないように　　　　　　～하지 않도록

・赤ちゃんを起こさないようにそっとドアを閉めました。
　아기를 깨우지 않도록 살짝 문을 닫았습니다.

・他の人に聞こえないように、声をひそめて話しました。
　다른 사람에게 들리지 않도록 목소리를 낮춰 이야기했습니다.

8

5 ～ことになって　　　　　　～하게 되어

・転勤する父について、福岡へ行くことになりました。
　전근하는 아버지를 따라, 후쿠오카로 가게 되었습니다.

・この会社で仕事ができることになって、うれしく思います。
　이 회사에서 일을 할 수 있게 되어, 기쁘게 생각합니다.

6 ～なりたいです　　　　　　～해지고 싶습니다

・女性なら誰でももっときれいになりたいと思っています。
　여성이라면 누구나 좀 더 예뻐지고 싶다고 생각합니다.

・ああ、お金持ちになりたいな。
　아, 부자가 되어 싶어라.

9. かちかちやま

🎧09

　むかしむかし、ある村に、仲のいいおじいさんとおばあさんがいました。おじいさんは裏の小さな畑を耕し、おばあさんはきびもちを作って暮らしていました。

　ところがある朝、畑がすっかり荒らされていました。いつの間にか裏山にたぬきが住みついて、夜になると野菜を盗みに来ていたのです。

　「困ったたぬきだ。」

　やがて、たぬきは昼間もあらわれるようになり、おじいさんに土を投げつけます。

　「やーい。早く作れ。ぜーんぶ食べてやるぞ！」

　「たぬきのやつ！もうがまんできん。」

　つぎの日、おじいさんが竹とひもでわなを作っておく
と、たぬきは引っかかりました。

　「いててて！わーん、許してくれー。」

　「うそ泣きをしたってだめだ¹。今晩は、たぬき汁にしよ
うかな²。」

おじいさんはたぬきをかついで家に帰ると、柱にしばり
つけて、また畑にもどって行きました。柱にしばられたた
ぬきはしょんぼり。おばあさんが、きびもちを丸めるよう
すを眺めています。そのうち、たぬきは泣き出しました。

　「痛いよー。なわをほどいてくれたら、何でもします。き
びもちを一緒に丸めるから、なわをほどいてよー！」

　やさしいおばあさんは、たぬきがかわいそうになりました。
　「じゃあ、少しだけなわをほどいてあげるから、手伝ってね。」

　おばあさんは、たぬきのなわをほどいてあげました。すると
たぬきは、あっという間に足のなわもほどいてしまったのです。

　「まあ、だましたんだね。」

　つかまえようとしたおばあさんの足にたぬきはかみつき、
思いっきり突き飛ばしました。おばあさんは、腰をうって動
けません。

　「だまされる方が悪いんだよ³。」

　大急ぎで逃げて行くたぬき。畑にいたおじいさんは、あ
わてて家の中にかけ込みました。

　「おばあさん！ど、どうした！？」

おばあさんは腰を痛めて、寝こんでしまいました。おじいさんは、毎日看病しましたが、なかなかよくなりません。

「おばあさん、山に行って、けがにきく草を取ってくるよ。」

山でおじいさんが薬になる草を取っていると、うさぎがやって来ました。話を聞いたうさぎもカンカンに怒りました。

「なんてひどいたぬきだ。僕がこらしめてあげます。」

さっそく、うさぎはきびもちを持って野原に行くと、枯れ草を刈りはじめました。やがてたぬきが、やって来ました。

「くんくん。いいにおいだなあ。」

「枯れ草をはこぶのを手伝うなら、きびもちをあげるよ。」

「わかった。うーん、これはおいしい。」

たぬきがパクパク食べている間に、うさぎは枯れ草の束をたぬきに背負わせました。

「さあ、たぬきくん、行こう。」

カチ！カチ！

うさぎはそっと火打ち石で火をつけます。

「うさぎくん、後ろでカチカチ何をしているの⁴?」

「ああ、カチカチ山のカチカチ鳥が歌っているだけだよ。」

9

そのうち、ボウボウという音がします。

「今度はボウボウいってるよ。」

「ここはボウボウ山。ボウボウ鳥が、そう教えているんだよ。」

やがて背中に火がまわって、たぬきは大やけど！

つぎの日、うさぎは唐辛子をまぜたみそを持って、お見舞いに行きました。

5

「たぬきくん。やけどには、この薬が一番だよ。」

そう言って、ピリピリするみそを背中にぬりました。

「ひえー！し、しみるー！！」

何日かして、やけどが治ったたぬきは、海に出かけました。すると、うさぎが船を二つ作っています。

「海で魚を釣ろうよ。」

「そりゃ、いいな。」

「大きい土の船と、小さい木の船とどっちがいい？」

「もちろん、大きい船。」

欲張りなたぬきは大きい船を選びました。うさぎは木の船、たぬきは土の船を海に浮かべて、こぎはじめます。

「魚をいっぱいとるぞ⁵！」

だんだん、たぬきの土の船はどんどん溶けはじめました。

「うわー！船が沈むよー！」

すると、うさぎが言いました。

「まいったか、おばあさんをひどい目に合わせた罰だ。」

「二度と悪いことはしないよー！」

たぬきは夢中で浜にはい上がり、急いで逃げて行きました。

うさぎは魚をお土産に、おじいさんの家に行きました。

「うさぎさん、ありがとう。」

おばあさんもすっかり元気になって、おじいさんは大喜び。

それから、たぬきは畑をあらさなくなったので、おじいさんとおばあさんは幸せに暮らしました。

「かちかちやま」について

もともとの話では、たぬきがおばあさんを殺してしまい、それで作った汁(しる)をおじいさんをだまして食べさせる、というかなり残酷(ざんこく)な内容(ないよう)だったそうですが、子供(こども)向けの話となるにつれて、この部分が変わってきたようです。さて、たぬきはきつねと並んで、昔話の中では「ずるい」「人を化(ば)かす」といった悪役(あくやく)で登場することが多い動物です。田畑(たはた)を荒らすことからそんなイメージができたのでしょうが、それは同時に人々にとって身近な動物だったという証(あかし)でもあります。

 ## 확인문제

❶ おじいさんは、なぜたぬきに困(こま)っていましたか。

❷ おばあさんは、なぜなわをほどいてやりましたか。

❸ おばあさんは、なぜけがをしたのですか。

❹ 「ボウボウ」というのは、何の音ですか。

❺ たぬきはなぜ海に落(お)ちたのですか。

❀ 新しい ことば ❀

- 仲(なか) 사이, 대인관계 * 仲がいい 사이가 좋다

- 裏(うら) … 뒤

- 耕(たがや)す … 일구다, 경작하다

- 荒(あら)す … 엉망으로 만들다, 황폐하게 하다(남의 영역에 들어가 훔치
  거나 난폭한 짓을 하다) * 荒(あ)らされる 쑥대밭이 되다, 엉망이 되다

- いつの間(ま)にか … 어느새

- 裏山(うらやま) … 뒷산

- 野菜(やさい) … 야채

- 盗(ぬす)む … 훔치다

- 昼間(ひるま) … 낮, 낮동안

- できん=できぬ=できない … 할 수 없다

- 竹(たけ) … 대나무

- ひも … 끈

- わな … 올가미, 덫

- 引(ひ)っかかる … 걸려들다

- うそ泣(な)き … 거짓울음 * うそ 거짓 + 泣き 울음

- 汁(しる) … 국

- かつぐ … 어깨에 매다

- 柱(はしら) … 기둥

- しばりつける … 동여매두다

- しょんぼり … 기운없이 풀이 죽은 모양

- ようす … 모습

- 腰(こし)をうつ … 허리를 삐다 = 腰をぬかす

- だます … 속이다

- 大急(おおいそ)ぎで … 황급히

- 腰(こし)を痛(いた)める … 허리를 다치다

- 看病(かんびょう) … 간병

- けがにきく … 상처에 듣는

- こらしめる … 혼내주다, 응징하다

- 野原(のはら) … 들판

- 枯れ草(かれくさ) … 마른 풀

- 刈(か)る … 베다

- くんくん … 킁킁(냄새를 맡는 모양)

- パクパク … 덥석덥석(음식을 게걸스럽게 먹는 모양)

- 束(たば) … 다발, 묶음

- 背負(せお)わせる … 등에 지우다

- 火打ち石(ひうちいし) … 부싯돌

- カチカチ … 따닥따닥(마른 풀이 불에 타는 소리)

- ボウボウ … 활활(불이 세차게 타는 모양)

- 大(おお)やけど … 크게 데임, 큰 화상

- 唐辛子(とうがらし) … 고추

- まぜる … 섞다

- ピリピリする … 얼얼하다 * 매워서 얼얼한 모양

- しみる … 스며들어 아픔을 느끼는 것, 따가움

- 何日(なんにち)かして … 며칠인가 지나
- 魚(さかな)を釣(つ)る … 물고기를 잡다
- 欲張(よくば)りな … 욕심꾸러기인
- だんだん … 점점
- どんどん … 자꾸자꾸(진행 속도가 빠른 모양)
- 沈(しず)む … 가라앉다
- ひどい目(め)に会(あ)わせた … 괴롭힌 * ひどい目(め)にあう 곤욕
  을 치르다, 큰일을 당하다
- 罰(ばつ) … 벌
- 夢中(むちゅう)で … 정신없이
- 浜辺(はまべ) … 바다나 호숫가의 모래땅
- はい上(あ)がる … 기어오르다
- すっかり … 완전히, 모두

🌀 삽화가의 한마디 🌸 ﹨﹨ 🌸 ﹨﹨ 🌸 ﹨﹨ 🌸 ﹨﹨ 🌸 ﹨﹨ 🌸 ﹨﹨ 🌸 ﹨﹨

일본의 옛날이야기에서 전통적으로 たぬき(너구리)는 간사한 이미지, さる(원숭이)
는 잔재주나 잔꾀를 잘 부리는 교활한(ずるかしこい) 이미지의 악역을 주로 맡아 왔
습니다. きつね(여우) 역시 사람을 속인다고 생각되어 'ずるいもの'(교활한 놈)로
상징되지만, 한편으로 きつね(여우)는 곡식을 맡은 신의 사자(使者)라는 의미로,
여우의 딴 이름인 稲荷(いなり)를 사용하여 곡식을 맡은 신이나 그 신을 모신 신사
를 칭하기도 했습니다.

1 　～たってだめだ　　　　　　　~해봤자 안된다

· いくら頼んだってだめだ。

  아무리 부탁해봤자 안돼.

· 今更謝ったってだめだ。

  이제 와서 사과해봤자 안돼.

2 　～ようかな　　　　　　　　~할까? (의지)

· どうしようかな。

  어떡하지?

· やっぱりやめようかな。

  역시 그만둘까?

3 　～んだよ　　　　　　　　　~하는 거야(강조)

· 違うんだよ! 僕の話しも聞いてよ。

  아니야. 내 얘기 좀 들어봐.

· しっかり勉強するんだよ。

  공부 열심히 하는 거야.(해야 해)

4　〜の？　　　　　　　　　종조사(의문)

· どこ行くの？
어디 가?

· 何を考えているの？
무슨 생각 해?

5　〜ぞ　　　　　　　　　종조사(다짐이나 강조)

· さあ、起きるぞー！
자, 일어나자.

· がんばるぞ！
열심히 할 거야.

10. かぐやひめ

　むかしむかし、あるところにおじいさんとおばあさんがいました。おじいさんは、毎日竹林に行って竹を取り、竹でいろいろなものを作って暮らしていました。ある日、おじいさんが竹林に行くと、根元が光っている不思議な竹がありました。

5　「なんでこの竹は、こんなに光っているんだろう。」

と思って、その竹を切ると、なんと中に小さなかわいい女の子がいたのです。おじいさんは、その女の子を手の平でつつむようにして、急いで家に帰りました。

10

　「おばあさん、この子を見てくれ。」

　女の子を見たおばあさんは、

「きっと神様が授けてくださったのでしょう[1]。」

　と言いました。子供のいないおじいさんとおばあさん

は、大喜びです。かわいい女の子の名前を『かぐや姫』と

つけて、大切に育てました。不思議なことは、また起きま

した。おじいさんが竹を切るたびに[2]、中にたくさんの小判

が入っているのです。だんだん生活は豊かになって、竹と

りのおじいさんは、大きな屋敷を建てました。

　かぐや姫はとても大きくなって、輝くほど美しい娘にな
りました。かぐや姫は、家を出ることがありませんでした
が、とても美人だという噂は、日本中に広まりました。
　その噂を聞いて、かぐや姫に会いに日本中から男たちが
はるばるやって来ました。
　「輝くほど[3]、美しいかぐや姫を一目見たい。」
　贈り物を持ってやってくる男たちに、かぐや姫は会おう
ともしません[4]。しかし、五人の男たちだけは、あきらめま

せんでした。

「ぜひ、かぐや姫を妻にしたい。どうか会ってください。」

かぐや姫は、おじいさんに言いました。

「その五人の方に、私が欲しいものを頼みます。頼んだものが貰えたら、その方のお嫁さんになります。」

それはたいへん難しいものばかりでした。かぐや姫は、本当は誰のお嫁さんにもなる気はなかったのです。

『いしつくりのみこ』が探すのは、遠い天じくにある"仏の石鉢"です。とても簡単に行くことはできないので、お寺の古い石鉢を持って来ました。それを見たかぐや姫は、首を左右にふって、

「仏の石鉢は、古くても美しく光っています。」

『くらもちのみこ』が探すのは、ほうらい山にあるという"真珠がなる金の枝"でした。『くらもちのみこ』は、そっくりのものを職人に作らせて、かぐや姫の家に運びました。とてもきれいな金の枝なので、かぐや姫は本物だと思いました。ところがその時、職人がお金をもらいに来たので偽物だとわかってしまいました。

『あべのみうし』が探すのは、火をつけても燃えない"火ねずみの皮衣"でした。高いお金を払って、中国に行く職人から買った皮衣は、偽物だったので火をつけるとすぐに燃えてしまいました。

5 『おおとものみゆき』は、龍の首にある"光る玉"を探しに船で出発しました。けれど、波嵐にあって命をおとしそうになりました。もう海には出たくないので、かぐや姫をあきらめました。

最後に『いそのかみのまろたり』が探すものは、つばめが持っているという"子安貝"です。屋根に登って、つば
10 めの巣に手を入れたとき、足をすべらせてドシーン！はしごから落ちてけがをしてしまい、その上、手ににぎっていたのは、つばめのふんでした。こうして、五人の男たちもかぐや姫をあきらめることにしました。

かぐや姫の噂は、『天皇さま』までとどきました。すぐ
15 にかぐや姫を宮中につれてくるように家来に申しつけました。でも、かぐや姫は泣きながら、おじいさんとおばあさんに言いました。

「どうか私を一日でも長く、そばにおいてください。」

「わし達が悪かった。おまえが幸せなら、それでいいんだよ。」

ある夏のことです。かぐや姫は、毎晩月を見ては、一人

で涙を流していました。おじいさんとおばあさんは心配で

たまりません。

「かぐや姫、わけがあるなら、どうか話しておくれ。」

かぐや姫は、悲しそうに言いました。

「実は、私は月の世界のものなんです。次の十五夜に、月

5

かぐやひめ　**129**

に帰らなければなりません。」

「いやだ、どこへも行かないでおくれ。」

おじいさんとおばあさんは、かぐや姫を抱きしめました。そしておじいさんは、天皇さまにかぐや姫が月へ帰ることを知らせて、行かせないように頼みました。とうとう十五夜になりました。屋敷の周りは、かぐや姫を守ろうと天皇さまの武士でいっぱいです。

真夜中の月が一番丸くなった時、まぶしい光が射して、天女たちが舞い下りて来ました。不思議なことに、光を見た武士たちは、動くことができません。かぐや姫は、天女たちの方へ行きました。

「かぐや姫、行ってしまうのか！」

おじいさんとおばあさんは、夢中で庭に走り出しました。

「月の世界へ帰らなければなりません。ときどき、月を見て、私のことを思い出してください。お二人ともどうかお元気で。」

と言って、かぐや姫は天女たちと一緒に月の光の中へ消えて行きました。

「かぐやひめ」について

またの名は「竹取物語(たけとりものがたり)」。現存する日本最古の小説と言われていますが、作者はわかっていません。ただ、かぐや姫に結婚を申し込む5人の若者の官職(かんしょく)と名前がはっきり書かれており、時代背景は672年の壬申の乱(じんしんのらん)のころで、場所は当時都のあった大和国(やまとのくに－現在の奈良県)と言われています。この5人の若者は他の文献(ぶんけん)にも名前の出てくる実在の人物だということですが、そうすると、かぐや姫も本当にいたのでは？と思ったりしますね。

 확인문제

❶ 根本(ねもと)が光(ひか)っている竹には、何が入っていましたか。

❷ 竹取(たけとり)のおじいさんの生活はなぜ豊かになったんですか。

❸ かぐや姫と結婚したいと最後まで言ったのは何人の若者ですか。

❹ 若者たちは、かぐや姫が頼(たの)んだものを持ってこられましたか。

❺ かぐや姫は、どこへ帰りましたか。

🌸 新しい ことば 🌸

- 根本(ねもと) … 밑둥

- 手(て)の平(ひら) … 손바닥 ⇔ 手(て)の甲(こう) 손등

- きっと … 아마, 필시

- たびに … ～(할 때)마다

- 輝(かがや)く … 빛나다, 반짝이다, 눈부시다

- 日本中(にほんじゅう)に … 온나라에

- 噂(うわさ) … 소문

- 広(ひろ)まる … 퍼지다

- はるばる … 멀리서 (먼 곳에서 일부러 찾아오는 모양)

- 一目(ひとめ) … 한번 보는 것 * 一目(ひとめ)ぼれ 첫눈에 반함

- 贈り物(おくりもの) … 선물

- 天(てん)じく … 인도의 예스러운 말. 천축

- 仏(ほとけ) … 부처

- 石鉢(いしばち) … 돌 그릇, 돌화분

- 左右(さゆう)に … 좌우로

- 真珠(しんじゅ) … 진주

- そっくり … 쏙 빼닮은 모양

- 偽物(にせもの) … 가짜

- 燃(も)える … 타다

- 皮衣(かわごろも) … 가죽 옷

- 波嵐(なみあらし) … 풍랑

· 命(いのち) … 목숨

· 最後(さいご)に … 마지막으로

· つばめ … 제비

· 子安貝(こやすがい) … 안산을 비는 부적

· 巣(す) … 둥지, 보금자리

· 足(あし)をすべらせる … 미끄러지다

· はしご … 사다리

· ふん … 똥

· 宮中(きゅうちゅう) … 궁궐 안

· おまえ … 너, 자네

· 涙(なみだ)を流(なが)す … 눈물을 흘리다

· わけがある … 사연이 있다

· 十五夜(じゅうごや) … 보름날 밤

· 抱(だ)きしめる … 끌어안다

· 武士(ぶし) … 무사

· 真夜中(まよなか) … 한밤중

· 射(さ)す… (빛이)비치다

· 天女(てんにょ)… 선녀

· 舞(ま)い下(お)りる… 춤추듯이 훨훨 내려오다

· 動(うご)く… 움직이다

· 消(き)えて行(い)く… 사라져가다

🪀 삽화가의 한마디 ❀ \\// ❀ \\// ❀ \\// ❀ \\// ❀ \\// ❀ \\//

옛날 일본에서는 검고 긴 머리에 가늘고 폭이 좁은 눈, 하얀 얼굴을 전형적인 미인으로 여겼습니다. 특히 "かみ長(なが)ひめ(머리 긴 공주님)"라는 옛날 이야기가 있을 정도로 길고 검은 머리는 미인의 중요한 요소였는데, 긴 머리를 가지고 생활하기란 무척 힘들었겠죠. 그래서 긴 머리 생활법이 여러 가지가 있는데, 특히 잠을 잘 때는 그 긴 머리를 상자에 마치 뱀이 들어있는 것처럼 또아리 모양으로 둘둘 말아 넣고 잤다고 합니다.

1 きっと~でしょう　　　　아마 ~거예요

· きっとあの人がみんなに話したのでしょう。

아마 그 사람이 모두한테 얘기했을 거예요.

· きっと、彼女は昔の恋人を忘れられないのでしょう。

아마, 그녀는 옛 애인을 잊을 수 없을 거예요.

2 ~たびに　　　　　　　~(할 때)마다

· ソウルに出張するたびに、金さんと会います。

서울에 출장갈 때마다, 김상과 만납니다.

· この曲を聴くたびに、彼を思い出します。

이 곡을 들을 때마다, 그 사람이 생각납니다.

3 ~ほど　　　　　　　~(할)만큼

· 3年会っていない間に、おいは驚くほど背が高くなっていました。

3년동안 만나지 않은 사이에, 조카는 놀랄 정도로 키가 커 있었습니다.

· 人もうらやむほど仲の良い夫婦です。

남들도 부러워할 만큼 사이 좋은 부부입니다.

4 ～ともしない ~하려고도 하지 않다

· ダイエット中の娘は、夕食に手をつけようともしません。

다이어트중인 딸은 저녁에 손도 대려고 하지 않습니다.

· けんかして以来、あの人は私と目を合わせようともしません。

다툰 이후로, 그 사람은 나와 눈을 마주치려고도 하지 않습니다.

부록

본문번역

작품해설 번역

내용이해문제 모범답안

1. 모모타로 (복숭아 동자)

p.10   옛날 옛날 어느 마을에 할아버지와 할머니가 사이좋게 살고 있었습니다. 어느 날, 할아버지는 산에 나무를 하러, 할머니는 냇가에 빨래를 하러 갔습니다. 할머니가 냇가에서 빨래를 하고 있는데, 냇물 위쪽에서 커다란 복숭아가 떠내려왔습니다.

"어머나, 복숭아가 참 크기도 하지!"

큰 복숭아를 할머니는 냇물에서 끌어올렸습니다.

"할아버지가 복숭아를 아주 좋아하니, 분명히 좋아하실 거야."

p.11   할머니는 싱글벙글하면서 복숭아를 안고 돌아왔습니다. 산에서 돌아온 할아버지도 크게 기뻐했습니다.

"이거, 정말 먹기가 아까울 정도로 크구나."

"분명 맛있는 복숭아일거유."

할머니가 자르려고 하는데, 갑자기 복숭아가 쫙 쪼개졌습니다.

"응애응애! 응애응애!"

어머나, 복숭아 안에서 남자아기가 나온 것입니다. 아이가 없는 할아버지와 할머니는 너무 기뻐서, 복숭아에서 태어났으므로 "모모 타로"라고 이름을 붙였습니다.

p.12   모모타로는 쑥쑥 건강한 남자아이로 자랐습니다. 그 즈음, 괴물이 섬에서 찾아와서, 마을을 습격하여 보물이나 음식을 훔쳤습니다. 모모타로는 괴롭힘을 당하는 마을 사람들을 보고,

"나쁜 괴물을 퇴치하고 오겠습니다."

걱정하는 할아버지와 할머니에게, 모모타로는 빙긋.

"건강히 돌아오겠습니다."

"그러면, 힘이 나는 수수경단을 만들테니 가져가거라."

p.13   곧바로 할아버지와 할머니는 아주 맛있는 수수경단을 많이 만들어 주었습니다.

"조심해서 가야 한다."

두 사람의 배웅을 받으며, 모모타로는 용감하게 출발합니다.

잠시 가니, 개가 달려왔습니다. "멍멍! 어디로 가는 겁니까?"

"괴물을 퇴치하러 괴물 섬으로."

"같이 갈 테니, 맛있는 수수경단을 하나 주세요."

"좋아. 많이 먹어."

마을을 벗어났을 때, 꿩이 날아왔습니다.

"저도 갈 테니, 수수경단을 주세요. 네? "

모모타로는 기꺼이 꿩에게 수수경단을 주었습니다. 산길에서는 원숭이도 왔습니다.

"나도 갈게."

"정말이니? 그럼, 힘이 나는 수수경단을 줄게. 친구들이 생겨서 기쁜 걸."

이윽고, 모모타로와 개, 꿩, 원숭이는 바다에 도착하여 작은 배를 탔습니다. 모두들 교대로 노를 저었기 때문에, 작은 배는 쭉쭉 앞으로 나아갔습니다.

p.14

"섬이 보인다!"

하늘을 지켜보던 꿩이 가르쳐 주었습니다. 바다 저쪽에 바위투성이의 괴물 섬이 보였습니다.

섬에 오르자, 괴물들이 살고 있는 큰 집이 보였습니다. 모모타로는 선두에 서서 뛰어들었습니다.

"나쁜 괴물녀석들! 나와라!"

"뭐라고? 누구냐? "

맛있는 음식을 먹고 있던 괴물들이 나왔습니다.

"자, 덤벼!"

모모타로는 다가오는 괴물을 차례차례 넘어뜨렸습니다. 모두들 힘이 나는 수수경단을 먹고 아주 기운이 세졌습니다. 개는 뛰어다니며 괴물의 발을 물고 늘어졌습니다.

"아, 아야야! 하, 하지 마!"

거기에 원숭이가 뛰어가, 괴물의 얼굴을 할퀴었습니다. 꿩은 부리로 괴물의 손에 달라붙어, 괴물들은 도망을 치며 달아났습니다.

"아이구 아파라. 아야야. 하지 마."

p.15

"이제 나쁜 짓은 안 할게요. 미안합니다."

괴물들은 손을 모아 잘못을 빌고, 산더미 같은 보물을 가져왔습니다. 이렇게 해서, 모모타로는 보물을 가지고, 건강하게 마을로 돌아왔습니다. 보물은 하나씩 주인에게 돌려 주었습니다. 모모타로가 무사히 돌아왔으므로, 할아버지와 할머니는 크게 기뻐했습니다. 모모타로는 그리고나서도 개와 꿩과 원숭이와 같이 마을을 지키며 모두 행복하게 살았습니다.

모모타로에 대해

p.16

일본 옛날 이야기의 대표라고 해도 좋을 정도로 널리 알려져 있는 이야기. 일반적으로는 "키비노 쿠니"(지금의 오카야마현)을 무대로 한 것이 유명한데, 오카야마의 관광선물로 "키비단고"나 모모타로의 캐릭터상품도 있습니다. 등장하는 동물들은, 유교적인 가르침에 근거하여, 각각 개는 "仁(인－충실)", 원숭이는 "智(지－지혜)", 꿩은 "勇(용－용기)"을 나타낸다는 설도 있습니다. 어쨌든, 각각의 동물이 그 캐릭터를 살려 활약하는 것도, 이 이야기의 매력의 하나일 것입니다. 오늘날의 텔레비전 광고에 모모타로는 자주 등장하고 있으며, 높은 인기를 얻고 있습니다.

내용이해문제 모법답안

❶ 川で見つけました。

❷ きびだんごを持っていきました。

❸ きじです。

❹ 小船に乗って行きました。

　日本の昔話

⑤ 一つずつ持ち主のところへ返しました。

2. 시타키리스즈메 (혀 잘린 참새)

본문번역

p.22 　옛날 옛날, 할아버지가 산에서 다친 참새를 발견하고, 집에 데리고 왔습니다. 약을 바르고 먹이를 먹이자, 참새는 건강해져서, 짹짹거리며 할아버지에게 재롱을 피웠습니다.

"오오, 귀엽기도 하지."

할아버지는 참새를 자식처럼 귀여워했습니다.

어느 날의 일입니다. 할아버지는 산에 나무를 하러 나가고 없었습니다. 할머니가 빨래를 하고 있는데, 짹짹. 참새가 빨래 풀을 먹어버렸습니다.

"이런 못된 참새를 봤나."

p.23 　아주 화가 난 할머니는 참새의 혀를 자르고는 하늘로 내던졌습니다. 저녁때, 할아버지가 돌아왔는데, 할머니는 참새 혀를 잘라서 내쫓은 일을 말했습니다.

"불쌍하게."

할아버지는 그날 밤, 참새를 생각하면 잠을 이루지 못했습니다. 아침이 오자 할아버지는, 산에 참새를 찾으러 나갔습니다.

"참새야, 참새야. 집이 어디니?"

그러자, 숲 속에서 귀여운 목소리가 들려왔습니다.

p.24 　"짹짹. 이쪽입니다."

목소리를 따라 가보니, 참새가 나왔습니다. 할아버지는 기뻐서 참새를 손바닥에 올려놓았습니다.

"미안하다. 혀를 잘렸으니 얼마나 아팠니?"

"아닙니다. 이제 괜찮습니다. 할아버지, 잘 오셨습니다. 부디 저희 집에서 놀다가 가세요."

부록

참새는 할아버지를 집으로 데리고 가서, 과자랑 차를 많이 대접하였습니다. 게다가 친구 참새들도 모여와서, 노래와 춤을 보여주었습니다.

"아, 참 재미있었다. 그럼, 이제 가볼게. 정말 고마웠단다."

저녁 무렵이 되었기 때문에, 할아버지가 돌아가려고 하자, 참새가 불러 세웠습니다.

"할아버지, 선물을 가지고 가세요. 큰 고리짝과 작은 고리짝 중에, 어느 것이 좋습니까?"

할아버지는 참새들이 가져온 고리짝을 보고,

"그럼, 작은 쪽을 받겠다. 나이든 사람은 작은 것이 아니면 등에 질 수가 없으니 말이다."

p.25 그렇게 말하고, 작은 고리짝을 등에 지고 돌아갔습니다. 할아버지는 집에 돌아가서 할머니에게 오늘 있었던 일을 말하고, 작은 고리짝을 열었습니다. 그러자 이게 웬일입니까? 작은 고리짝 안에는 금화가, 잔뜩 들어 있었던 것입니다. 그러자, 할머니는 뿌루퉁 화가 나서,

"아니 왜, 큰 고리짝을 가져오지 않았어요. 큰 고리짝이라면 더 많이 금화가 들어있었을 텐데. 내일은 내가 가서, 큰 고리짝을 가져와야지."

p.26 할아버지는 말렸지만, 아침이 되자 할머니는 곧장 나갔습니다. 그리고 산에 들어가서, 큰 목소리로 참새를 불렀습니다.

"참새야, 참새야, 나와라."

짹짹짹. 숲 속에서 참새가 나왔습니다.

"할머니, 잘 오셨습니다. 오늘은 부디 저희 집에서 놀다 가십시오."

할머니는 고개를 옆으로 저으며 말했습니다.

"노는 것은 됐고. 난 바쁘니까. 어서 고리짝이나 다오."

"그러십니까? 그렇다면 작은 고리짝과 큰 고리짝, 어느 것이 좋으십니까?"

참새가 두 개의 고리짝을 가져오자, 할머니는 대답도 않고, 큰 고리 짝을 등에 지었습니다. 그리고, 뒤도 돌아보지 않고, 산을 내려갔습니다. 하지만, 큰 고리짝은 얼마나 무거웠을까요?

"휴우. 아이구 죽겠다."

p.27 할머니는 지쳐서 도중에 큰 고리짝을 내렸습니다.

그리고, 안이 보고 싶어서 참을 수가 없었으므로, 살짝 뚜껑을 열었 습니다. 그 순간,

"꺄악!"

큰 고리짝에서 나온 것은 뱀과 구렁이, 지네가 가득했습니다.

할머니는 깜짝 놀라 허리를 삐고 말았습니다. 그리고, 그대로 구르 다싶이 하여 도망쳐 돌아갔습니다.

시타키리스즈메에 대해

p.28 이 이야기뿐만 아니라, 또 일본을 무대로 한 것뿐만 아니라, 옛날이 야기에는 "착한 할아버지"와 "구두쇠에 심술꾸러기 할머니"가 짝을 이 루는 경우가 종종 등장하는 것 같습니다. 빨래 풀을 먹어버린 참새 때 문에 화가 나서 쫓아버리는 것도, 큰 고리짝을 가져오지 않은 할아버 지에게 화가 나서, 자신이 직접 가는 것도, 여성, 유독 주부라면 이해 할 수 있는 심정이 아닐까요? 민담은 문자 그대로 서민의 생활 속에 서 생겨난 것. 현대를 살아가는 우리들에게도 공감할 수 있는 것이 있 기 때문에 오늘날까지 살아남아 전해진 것입니다. 옛날이야기를 소재 로 하여, "나라면 어떻게 할까?" 하고 생각하거나, 서로 이야기해보 는 것도 재미있겠죠.

내용이해문제 모범답안

❶ すずめが洗濯のりを食べてしまったから。

❷ 舌を切って追い出しました。

❸ 小判がどっさり入っていました。

❹ 大きいつづらをもらってこなかったからです。

부록 145

⑤ へびやとかげ、むかでがいっぱい入っていました。

3. 카사지조 (삿갓보살)

본문번역

p.34   옛날 옛날 어느 곳에 할아버지와 할머니가 살고 있었습니다. 할아버지와 할머니는 매일 삿갓을 만들어서는 마을에 팔러 가는 생활을 하고 있었습니다. 삿갓이 팔려도, 쌀은 정말 조금밖에 살 수 없습니다. 하지만, 두 사람 다 "감사하지요?" 하고, 밥을 나누어, 사이좋게 지내고 있었습니다.

그런데, 눈이 오는 그믐날 저녁 무렵의 일입니다. 내일은 설날이라고 하지만, 먹을 것이 아무 것도 없어서, 두 사람은 열심히 해서 삿갓을 다섯 개나 만들었습니다.

"아이구 이제야 다 됐다. 눈보라가 치기 전에, 마을에 삿갓을 팔러

p.35   다녀오리다. 쌀을 사서 돌아올 테니, 기다리고 있어요."

할아버지는 막 만든 다섯 개의 삿갓을 들고, 또 자신을 위한 너덜너덜한 삿갓을 쓰고, 눈 속으로 길을 나섰습니다.

"삿갓 필요 없나요? 삿갓 필요 없나요?"

할아버지는 마을에 도착하자 큰 소리로 말했습니다. 하지만, 아무도 삿갓을 사 주지 않았습니다. 할 수 없이, 할아버지는 다섯 개의 삿갓을 안고 돌아오게 되었습니다.

p.36   "아, 이거 참. 할멈이 실망할 텐데."

잠시 가던 길에, 할아버지는 잠깐 멈추어 섰습니다. 지장보살님이 여섯 명, 나란히 서 있는 것입니다. 할아버지는 지장보살님의 머리와 어깨에 쌓인 눈을 서둘러 털었습니다.

"이렇게 눈이 많이 오는 날 밤에, 안됐구나. 춥지? 춥지?"

그렇게 말하면서 할아버지는 자신이 만든 삿갓을 지장보살님의 머리에 씌워주고 갔습니다.

p.37
그리고, 여섯 번째 지장보살님의 머리에는 자신의 삿갓을 벗어서 씌웠습니다.

"오래되어서 너덜너덜한 삿갓이지만, 용서해주세요."

할아버지의 머리는 금세 눈으로 새하얗게 되어버렸지만, 그래도 할아버지는 아주 기쁜 듯이 돌아갔습니다.

집에 돌아와 할아버지는 할머니에게, 지장보살님에게 삿갓을 전부 씌워주고 왔다는 것을 말했습니다. 할머니는 고개를 끄덕끄덕하며 말했습니다.

"그것 정말 좋은 일을 했수. 우리한테는 집도 있고, 삿갓을 만들 수 있는 튼튼한 몸이 있으니까요."

그리고, 두 사람은 뜨거운 물만 마시며, 얇은 이불을 덮어쓰고 잤습니다.

그날 한밤중. 웅성웅성하고 밖에서 소리가 나고, 노래가 들려오는 것입니다.

할아버지의 집은 어디에 있나

삿갓을 빌려주신 할아버지

할아버지 집은 어디 있나

p.38
할아버지와 할머니는 벌떡 일어나, 살짝 문을 열고 바깥을 보았습니다.

"앗, 저건."

그것은, 글쎄 지장보살님들의 노래소리였던 것입니다.

삿갓을 쓴 여섯 명의 지장보살님이 쌀이랑 떡, 생선에 야채, 게다가 옷이랑 금화를 메고, 이쪽으로 오고 있는 것이 아닙니까?

할아버지의 집은 어디에 있나

삿갓을 빌려주신 할아버지

할아버지 집은 어디 있나

여섯 명의 지장보살님은 척척 할아버지 집으로 다가왔습니다. 그리

부록

고, 문 앞에 쌀이랑 떡을 놓고, 빙긋 웃고는 눈 속으로 돌아갔습니다. 할아버지와 할머니는 지장보살님의 모습이 보이지 않을 때까지, 줄곧 손을 모으고 마음 속으로 감사의 말을 계속 했습니다.

날이 밝아 설날 아침이 되었습니다. 두 사람은 지장보살님이 두고 간 새 옷을 입고, 떡이랑 오니시메(설음식)를 많이 많이 먹었습니다.

시타키리스즈메에 대해

"오지조사마"(지장보살님:돌부처보살님)는 예로부터 마을 이곳저곳에 있어서, 사람들의 친근한 신앙의 대상으로서 친숙한 존재였습니다. 지금도 약간 교외나 시골로 가면, 손으로 만든 빨간 턱받이를 하고 있거나, 모자가 씌워진 오지조사마를 볼 수 있고, 일본인이 애착을 가지고 있는 존재라는 것을 알 수 있습니다. 이 이야기에 나오는 "여섯 보살님"은 지옥·아귀·축생·아수라·인간·천상의 육도(六道여섯가지 미계)에서 약자의 괴로움을 구하는 부처라고 믿어온 여섯 체(体)의 부처를 나타내고 있습니다.

내용이해문제 모범답안

❶ 笠を作って町へ売りに行く仕事です。

❷ 五つ作りました。

❸ 六人目のお地蔵さまの頭にかぶせました。

❹ お米やもち、魚に野菜、それに着物や小判を持ってきました。

❺ 笠をかしてくれたお礼がしたかったからです。

4. 코부토리지이상 (혹부리 할아버지)

본문번역

옛날 옛날에, 오른쪽 뺨에 커다란 혹이 있는 할아버지가 있었습니다.

"이 혹이 떨어진다면, 얼마나 시원할까?" 하고 늘 할아버지는 생각했습니다.

日本の昔話

어느 날, 할아버지는 산에 나무를 하러 갔다가 돌아오는 길에, 큰 비를 맞았습니다. 당황하여 나무 아래에 숨었지만, 비는 그칠 것 같지 않습니다. 문득 보니 동굴이 있는 것을 알아채고, 할아버지는 달려가 동굴 속으로 들어갔습니다. 안심한 순간, 할아버지는 잠이 와서, 거기서 잠이 들고 말았습니다.

p.47 얼마나 시간이 지났을까요?

엔야라호레호레 엔야라사

시끌법적한 노랫소리에, 할아버지는 잠이 깼습니다. 노랫소리에 섞여 웃음소리와 박수소리가 들려왔습니다. 살짝 일어나서 노랫소리 쪽으로 가보니, 이런 깜짝이야. 빨간 도깨비와 파란 도깨비가 둥글게 원을 만들어 술을 마시며 노래하고 깡충깡충 다리를 들며 춤을 추고 있는 것입니다. 할아버지는 무서워서 떨었지만, 몸 속이 근질근질해졌습니다.

부록

p.48 "이 대로 발견되면, 어차피 잡아먹힐 게 틀림없어. 그렇다면 잡아먹히기 전에, 춤이나 한번 춰야지."

춤추기를 아주 좋아하는 할아버지는, 도깨비의 원둘레 한 가운데로 춤추며 나갔습니다.

"어, 인간 할아버지잖아. 잡아먹어버려."

"아니, 잠깐잠깐. 상당히 재미있는 춤인데."

도깨비들은 그렇게 말하고, 노래하면서 손장단을 쳤습니다. 할아버지는 빙빙 돌기도 하고, 손을 흔들흔들하며 계속 춤을 추었습니다. 도깨비들은 기뻐, 무릎을 치고 웃으며, 할아버지의 흉내를 내며 춤추었습니다.

피하랴, 돈도코엔야라사

그리고, 할아버지가 춤추다 지쳐 땀에 젖자, 도깨비의 두목이 나와서 말했습니다.

"이런 유쾌한 춤은 처음이야. 내일 밤도 춤추러 오겠느냐."

"아, 그야, 물론…"

할아버지가 대답하자, 도깨비 두목은

"그렇다면 너의 소중한 물건을 맡아두겠다. 그러면, 내일 밤에도 반드시 올 것이니까 말이야."

p.49 그렇게 말하고, 쓱 할아버지의 오른쪽 뺨에서 혹을 떼어버렸습니다. 할아버지는 놀라 뺨을 만졌습니다. 반들반들(매끈매끈) 했습니다. 할아버지는 기뻐서 어쩔 줄을 몰랐으나, 일부러

"어이구 이걸 어떡하나. 소중한 것을 빼앗겼네."

라고 말하면서, 동굴을 나와 산을 구르듯이 달려 내려왔습니다. 집에 돌아오니, 벌써 아침이었습니다.

"어이구, 영감. 그 뺨, 어떻게 된거유?"

p.50 할아버지의 맨들맨들한 뺨을 보고, 할머니는 큰 소리로 말했습니다. 그 소리에, 옆집 할아버지가 뛰어나왔습니다. 그리고, 역시 맨들맨들한 뺨을 보고, 큰 소리로 말했습니다.

"어디서 떼어주었누?"

옆집 할아버지도 왼쪽 뺨에 혹이 있었던 것입니다. 혹이 떨어진 할아버지는, 뺨을 어루만지며 동굴에서 만난 도깨비들에 대한 이야기를 했습니다.

"그것 참 좋은 얘기를 듣게 됐구먼. 그렇다면 이 몸도 오늘 밤 동굴에 가서, 혹을 떼야지."

p.51 옆집 할아버지는 크게 기뻐하며 그렇게 하기로 결심했습니다.

밤이 되었습니다. 옆집 할아버지는 산을 올라, 가르쳐준 동굴로 두근두근 거리며 들어갔습니다. 점점 노랫소리가 가까워졌습니다.

그러자

"오, 어제 그 영감. 기다렸다."

술에 취한 도깨비들은 옆집 할아버지를 박수하며 맞아들였습니다. 그러나, 옆집 할아버지는 처음으로 도깨비를 보았으므로, 부들부들 떨려 기절초풍할 뻔했습니다. 도깨비들은 '춤을 춰라, 춤을 춰라' 하며

손뼉을 치며 장단을 맞추었습니다.

p.52   하지만, 춤이 서툰 옆집 할아버지는 한 발짝 발을 내딛는 게 고작이
었습니다.

"어떻게 된 거야. 빨리 어제처럼 춰라."

"잡아먹을 테다. 어제와 같은 춤이라도 좋으니 어서 해."

도깨비들은 화를 내기 시작했습니다. 도깨비의 두목은 콧김을 거칠
게 내쉬며, 옆집 할아버지에게 쿵쾅쿵쾅 다가왔습니다.

그리고, "두 번 다시 오지 마! 이런 것은 돌려주겠다!" 하고, 옆집 할
아버지의 오른쪽 뺨에 어제 왔던 할아버지의 혹을 딱 붙였습니다.

아이고. 옆집 할아버지는 양쪽 볼에 혹을 매달고, 엉엉 울면서 산길
을 돌아갔습니다.

코부토리지이상에 대해

p.53   한국에도 "혹부리영감" 이야기가 있지요. 한국의 이야기에는 성미
가 급하고 욕심 많은 할아버지가, 마지막에 두 개의 혹을 달게 되기 때
문에, 아주 이해하기 쉽습니다만, 여기서는 단지 혹을 떼고 싶었던 옆
집 할아버지입니다. 옆집 할아버지는 도깨비가 무서웠고, 춤을 못 췄
던 것뿐입니다. 다른 사람의 흉내를 낸다고 해서 꼭 똑같이 잘 된다고
는 할 수 없다는 것이 교훈일지도 모르겠습니다. 혹은 원래 한국과 같
은 내용이었던 것이 어느 샌가 바뀐 것인지도 모르겠군요.

내용이해문제 모법답안

① 大雨に降られたからです。

② お酒を飲みながら歌ったり踊ったりしていました。

③ 明日の晩も来てほしかったからです。

④ 自分もこぶを取ってもらいたかったからです。

⑤ 隣のおじいさんの踊りが下手だったからです。

5. 사루또 카니 (원숭이와 게)

본문번역

p.58   옛날 옛날 어느 날, 원숭이와 게가 산으로 놀러갔습니다. 영차, 영차 산길을 올라가다 원숭이는 감 씨를 발견했습니다. 좀 더 가니, 이번에는 게가 주먹밥을 발견했습니다. 그러자, 원숭이가 말했습니다.

"맛있어 보이는 주먹밥이지만, 한번 먹으면 그뿐. 하지만, 감 씨는 심어서 키우면 감 열매가 가득, 먹어도 먹어도 다 먹을 수가 없지. 어때, 게야. 주먹밥이랑 감 씨를 바꾸자."

"그렇구나. 감 열매를 가득, 얼마나 좋을까? "

p.59   게가 주먹밥을 주자, 원숭이는 우적우적 맛있게 먹었습니다.

감 씨를 받은 게는, 싱글벙글 거리며 기쁘게 집으로 돌아갔습니다.

그리고, 바로 마당 한 가운데에, 감 씨를 심고는, 매일 물을 주면서 말했습니다.

"빨리 싹을 내어라, 감 씨야. 내지 않으면 가위로 잘라버릴 테다."

잘린다면 큰일이지. 하고 감은 쏙 싹을 내었습니다.

p.60   게는 신이 나서,

"빨리 나무가 되어라 감 싹이여, 되지 않으면 가위로 잘라버릴 테다."

가위로 잘리면 큰일이지. 감은 쑥쑥 커서 나무가 되어, 꽃을 피웠습니다.

"빨리 열매를 맺어라 감나무야, 그렇지 않으면 가위로 잘라버릴테다."

가위로 잘리면 큰일. 감나무는 톡톡 빨간 열매를 많이 맺었습니다.

"됐다. 좋아라."

그때 원숭이가 찾아와서, 감나무를 보고 말했습니다.

"게야, 감을 따주마."

"그래? 난 나무에 오르지 못해서 어떻게 하나 하고 있었는데. 고마워."

게가 고맙다는 말을 하자, 원숭이는 재빨리 나무에 올라갔습니다.

하지만, 게한테는 주지 않고, 자기만 빨간 열매를 먹고 있습니다.

"아아, 맛있다. 음. 맛있다."

"원숭이야. 나도 하나 주라."

나무 아래서 게가 몇 번이나 말하자, 원숭이는,

p.61 "시끄러워. 자, 이거라도 먹어라."

하고 딱딱하고 파란 과일을 게에게 던졌습니다. 탁.

"으악!"

원숭이가 던진 파란 열매가 게에 부딪혀, 등껍질이 산산조각이 나고 말았습니다.

원숭이는 배불리 계속 먹은 다음, 죽을 것 같은 게를 내버려둔 채 마당을 나갔습니다.

p.62 거기에 친구인 밤과 벌과 다시마와 절구가 게 집에 찾아왔습니다. 게는 괴로워하며, 지금까지의 일을 말하고 죽어버렸습니다.

"아니 저런 못된 놈이 있나. 불쌍한 게야."

"이 먹보, 심술꾸러기 원숭이 놈."

"좋아, 다같이 원숭이를 혼내 주자."

밤과 벌과 다시마와 절구는, 게를 무덤에 묻고, 어떻게 복수할 건지 상의를 했습니다.

p.63 그리고, 밤과 벌과 다시마와 절구는, 원숭이 집에 갔습니다. 원숭이는 나가고 집에 없었습니다. 밤은 화롯불 재 안에 숨고, 벌은 물동이 뒤에 숨었습니다. 다시마는 출입구의 문지방에 드러눕고, 절구는 지붕 위에 올라갔습니다. 저녁 무렵 원숭이가 돌아왔습니다.

"아, 추워라 추워라."

원숭이는 화롯불을 쬐려고 했습니다. 그 순간, 탁! 원숭이 코를 겨누어 튀어나온 것은 밤.

"뜨거 뜨거"

코를 데인 원숭이는 물로 식히려고 물동이 옆으로 갔습니다. 이번에는, 붕, 톡! 물동이 뒤에서 벌이 나와서 원숭이 눈 위를 힘껏 찔렀습니다.

"어이구 아파라"

울상을 지으며 바깥으로 도망가려고 하자, 꽈당! 문지방에 있던 다시마에 쫄딱 미끄러져 굴렀습니다. 쿵! 이번에는 절구가 지붕에서 원숭이 위에 떨어져내려왔으므로 이제 도망을 칠 수도 없었습니다.

"살려줘~, 살려줘~"

p.65 울면서 외치는 원숭이에게 절구는 호통을 쳤습니다.

"게의 복수다. 혼이 났겠다?"

"졌다. 졌어. 미안하다!"

원숭이는 절구가 용서해줄 때까지, 눌려서 꼼짝도 못한 채로, 빌고 또 빌었습니다.

사루또카니에 대해

p.66 "원숭이와 게의 싸움"이라는 제목으로도 널리 알려져 있는 이 이야기는, 佐渡(사도:옛 지방 이름의 하나. 지금은 니이가타현에 속하는 섬)·에치고 일원에서 전해지는 것이 유명한데, 이 지역은 에도시대(1603~1867)에 농민봉기가 심했던 곳이라고 합니다. 그래서, 이야기 속에서 나오는 원숭이는 악질고관, 게는 서민을 나타낸다고 합니다. 여기서는 원숭이에게 복수하는 것은 절구들 뿐이지만, 죽은 게에게서 태어난 새끼 게가 거기에 합류하는 이야기도 있고, 가난하지만 거기에 굴하지 않고, 밝고 씩씩하게 살아가는 새로운 세대의 서민의 모습이, 그 새끼 게로 상징된다고도 합니다. 이렇게 생각하고 다시 읽어보면, 옛날 이야기도 아주 깊이있는 것이 있지요.

내용이해문제 모법답안

❶ おにぎり。

❷ いいえ。(はじめから自分だけが食べるつもりでした。)

❸ 木に登れないから。

❹ さるが投げた青い実がかににぶつかり、こうらがこなごなにくだけてしまったから。

❺ かにのかたきうち／さるをこらしめること。

6. 츠루노 온가에시 (은혜갚은 학)

(본문번역)

p.72   옛날 옛날, 가난하고 혼자서 사는 젊은 남자가 있었습니다. 겨울이 되어 눈이 많이 내리던 어느 날의 일입니다. 남자가 집에 돌아오는 도중에, 이상한 소리가 들렸습니다. 그 흐느끼는 소리와 같은 이상한 소리가 어디서 나는지 찾으러, 저쪽 밭으로 가보았습니다. 그러자, 날개에 화살을 맞아 울고 있는 학이 한 마리 있었습니다. 남자는 괴로워하는 학의 화살을 뽑아주었습니다. 도움을 받아 살게 된 학은 하늘로 날아갔습니다.

그리고 남자는 집으로 돌아갔습니다.

p.73   혼자서 사는 가난한 남자이므로, 생활은 어렵고 쓸쓸했으며, 보통은 아무도 찾아오지 않습니다. 그러나 그날 밤, 집 문을 똑똑 두드리는 소리가 들렸습니다. 깊은 눈오는 날 이런 시간에 누가 왔을까 하고 남자는 생각하면서, 문을 열고 깜짝 놀랐습니다. 어여쁜 여자가 서 있는 것입니다.

"길을 잃었사오니, 오늘밤 여기서 머물게 해주세요."

하고 여자가 말했습니다. 남자는 재워 주었습니다. 다음 날 밤에도 여자는 재워달라며 부탁했습니다. 또 남자는 재워 주었습니다. 그 다음 날 밤도 마찬가지로 여자는 남자 집에서 묵었습니다.

p.74   그렇게 해서 세월이 지나, 두 사람은 부부가 되었습니다. 두 사람은 가난했지만, 행복하고 밝은 생활을 보냈습니다. 그러나 긴 겨울이 계

속되어, 돈도 먹을 것도 없어지자, 두 사람은 더욱 가난하게 되었습니다. 어느 날, 아내는 베를 짜기로 했습니다. 남자는 집 안쪽 방에, 베를 갖추어놓았습니다. 베를 짜기 전에, 아내는 남자에게 부탁했습니다.

"절대 봐서는 안 됩니다."

남자는 약속을 했습니다. 아내는 안쪽 방에서 문을 닫고, 베를 짜기 시작했습니다.

p.75　사흘 낮 사흘 밤 동안, 아내는 열심히 짰습니다. 사흘째 되던 날 밤, 옷감이 완성되었습니다.

아내는 지쳐서 나왔지만, 옷감은 훌륭하게 짠 것이었습니다. 남자는 옷감을 팔러 마을로 나갔습니다. 흔히 볼 수 없는 훌륭한 옷감이었으므로, 아주 비싸게 팔렸습니다.

그 돈 덕분에 생활이 되었지만, 겨울은 길고, 또 돈도 먹을 것도 없어지게 되어버렸습니다. 그래서 아내는 다시 한번 베를 짜기로 했습니다. 또 보지 말도록 남자에게 당부했습니다. 사흘 낮 사흘 밤을 기다려도, 아직 다 짜지 못했습니다. 나흘째 되던 날 밤, 지쳐서 수척해진 아내는 전보다 아름다운 옷감을 가지고 나왔습니다. 남자가 마을에 팔러 갔는데, 전보다 더 좋은 값으로 옷감이 팔렸습니다.

p.76　아내 덕분에 행복해졌지만, 남자는 좀 더 돈이 갖고 싶어졌습니다. 돈이 너무 갖고 싶었고, 게다가 어떻게 아내가 베를 짜는지를 알고 싶어서, 아내에게 하나 더 옷감을 부탁했습니다. 수척해진 아내는 돈이 그다지 필요하지 않을 거라 생각했지만, 마지못해 짜기로 했습니다.

"절대로 엿보면 안 됩니다."

라고 말하면서, 아내는 짜기 시작했습니다. 점점, 남자는 아내가 어떻게 베를 짜는지 알고 싶어졌습니다. 더 이상 참을 수 없어, 안쪽 방에 가서, 장지문을 조금 열었습니다. 하지만, 보인 것은 아내가 아니었습니다. 깜짝 놀라, 소리를 내고 말았습니다. 어쩜 커다란 학이 자신의 깃털을 뽑아 천을 만들고 있었던 것입니다. 왜 그렇게 훌륭한 옷감이 만들어졌는지 알게 되었지만, 그 때, 학이 남자가 있는 것을 알아채고, 아내의 모습으로 돌아왔습니다. 깜짝 놀란 남자에게 아내는 말했습니다.

"그 때, 밭에서 살려주신 학입니다. 은혜를 갚고자, 한번만 인간의 모습이 되는 것을 허락 받았습니다. 하지만, 이제 가지 않으면 안 됩니다. 부디 행복하게 사세요."

p.78   도움을 받은 학이 여자의 모습이 되어, 그 가난한 남자를 위해, 자신의 몸을 상처내면서까지 옷감을 만들어 주고 있었던 것입니다. 남자는 약속을 어긴 일을 매우 후회했지만, 이젠 헤어지는 수밖에 없었습니다. 그리고 아내는 학의 모습으로 되돌아가, 천천히 하늘로 날아갔습니다. 이별을 아쉬워하기라도 하는 듯, 울면서 멀리 날아갔습니다. 남자는 언제까지나 언제까지나 학이 날아간 하늘을 쳐다보고 있었습니다.

부록

츠루노온가에시에 대해

p.79   유키구니를 무대로 한 옛날이야기 중에서도 가장 아름답고, 슬픈 이야기의 하나라고 할 수 있습니다. 새하얀 날개를 가진 학의 고매한 자태는 역시 아름다운 여인과 같지요. 이 이야기는 여러 번 무대에 올려지거나 영화화되고 있고, 그 중에서도 극작가, 기노시타준이 각본을 쓴 "저녁 학"은 전후 얼마 되지 않았을 때부터 수십 년이나 롱런을 계속한 인기작품입니다. 아름다운 마음씨를 가지고 있으면서도, 욕심에 눈이 멀어버리는 인간의 비애가 작품 속에 잘 그려진 것이 그 인기의 비결이겠지요.

내용이해문제 모법답안

❶ 羽に矢を受けたから。

❷ 道に迷ったので、今晩泊まらせて欲しいと言ってきました。

❸ ぜったいにのぞかないよう頼みました。

❹ もっとお金がほしくて、それにどのように女房がはたを織るのかを
知りたくて。

❺ (男に畑で助けてもらった)鶴でした。

7. 우라시마타로

본문번역

p.84   옛날 옛날, 우라시마타로라는 물고기를 아주 잘 잡는 젊은이가 있었
습니다. 타로는 매일 낚싯대를 가지고, 기운 좋게 바다로 나갔습니다.
아버지와 어머니는, 닭을 돌보거나, 오징어를 말리거나 하면서,

"다녀오너라. 조심해야 한다."

하고, 다정하게 타로를 배웅했습니다.

어느 날의 일입니다. 물고기를 잡고 돌아오는 길에, 타로는 바닷가
에서 거북이를 괴롭히고 있는 아이들을 보았습니다.

"불쌍하게. 거북이를 막대기로 두드리는 것 그만해."

타로가 그렇게 말하자, 아이들은 이렇게 대꾸하였습니다.

"돈을 주면 안 하지. (안 할테니 돈을 줘)"

p.85   타로가 돈을 주자, 아이들은 떠들며 달려갔습니다. 타로는 빙긋 웃
으며,

"다행이다. 그치? 이제 잡히면 안돼."

하고 거북이를 바다로 놓아주었습니다.

p.86   다음 날. 타로가 바다에서 물고기를 잡고 있는데, 커다란 거북이가
다가왔습니다.

"어제는 아기 거북이를 구해주서서, 감사합니다. 사례로 용궁성에
모시고 가겠습니다. 자 제 등에 타십시오."

타로는 조금만 용궁성이라는 곳을 보고 와야지 하고, 거북이 등에
올라탔습니다. 그러자, 거북이는 바다 밑바닥으로 헤엄쳐 갔습니다.

"와아, 예쁘다."

p.87 다시마 들판을 건너, 산호 숲을 빠져나가자, 저쪽에 보석으로 꾸며진 용궁성이 보였습니다.

용궁성 문 앞에서는 아름다운 공주님이 타로가 오기를 기다리고 있었습니다. 거북이는 살짝 타로에게 가르쳐주었습니다.

"저 분은 오토히메사마(용왕님의 따님)라고 해서, 훌륭한 마법의 힘을 가지고 계십니다."

용궁성에 도착하자, 타로는 큰 방으로 안내되었습니다. 대리석으로 된 테이블에는, 타로를 위해 마련된 음식들이 늘어서 있었습니다. 타로는 물고기들의 반짝반짝 춤을 보면서, 맛있는 음식을 배불리 먹었습니다.

공주님은 용궁성 안을 안내해주고, 바다의 신기한 이야기를 많이 들려주었습니다. 타로는, 매일 맛있는 음식을 먹고, 물고기들과 놀며, 아름다운 공주님과 노래하고 이야기하느라 세월이 가는 것도 잊어버릴 정도로 기쁘고 즐겁게 지냈습니다.

하지만, 타로는 점점 집에 돌아가고 싶어졌습니다. 아버지나 어머니가 보고 싶어졌기 때문입니다. 그래서, 타로는 공주님 방에 가서, 말했습니다.

p.88 "저는 이제 돌아가겠습니다. 정말 잘 해 주셔서 감사했습니다."

"그러세요? 돌아가실려구요?"

공주님은 그렇게 말하고, 검은 상자를 꺼내어 타로에게 건네주었습니다. "선물로 보물상자를 드리겠습니다. 하지만, 어떤 일이 있어도 뚜껑을 열어서는 안됩니다."

보물상자를 받은 타로는 거북이 등을 타고, 살고 있던 해변으로 돌아갔습니다.

p.89 그리고 서둘러 집으로 달려갔습니다.

하지만, 그곳에는 집도 없고, 아버지나 어머니의 모습도 없었습니다. 주위에 있는 사람도 모르는 사람들뿐입니다. 타로는 어떤 남자를 불러 세워 물었습니다.

"저, 우라시마라는 집이 어디에 있습니까? "

"우라시마라… 아아, 아주 옛날에 그런 이름의 집이 있었다고 들었지. 하지만 지금은 이미 없어요."

이야기를 들은 타로는 맥없이 풀썩 주저앉았습니다.

"아주 옛날이라니… 아버님과 어머님은 이미 돌아가셨다는 말인가… 아니 어떻게 이럴 수가… 용궁성에 정말 잠깐 나가 있은 줄 알았는데, 인간 세상에서는 몇 십 년이나 지났다니…이를 어떡하지?"

p.90

타로는 슬퍼서 소리를 내어 울기 시작했습니다. 그리고 울면서 문득, 거북이가 하던 말을 생각해냈습니다.

"공주님은 훌륭한 마법의 힘을 가지고 계십니다…"

"그렇지. 이 보물상자를 열면, 마법의 힘으로 슬픔도 없어질지 몰라."

그렇게 생각한 타로는, 열어서는 안 된다고 한 보물상자의 뚜껑을 열고 말았습니다.

그 순간, 몽개몽개 하얀 연기가 나오고, 타로는 눈 깜짝할 사이에 백발의 할아버지가 되어 버렸습니다.

우라시마타로에 대해

p.91

일본의 옛날 이야기 중에서도 가장 오래된 이야기의 하나로, 나라시대의 만요슈나 일본서기에도 이 이야기의 원형이 남아있다고 하니까, 적어도 1200년 이상 이전부터 있었던 것이 됩니다. 교토부 여사군에 있는 "나라신사"는 후쿠시마타로를 기리는 신사입니다. 오랫동안 외국에 살다가, 귀국한 사람 등을 "이마우라시마"라고 말하기도 합니다. 하긴, 한국도 그렇고, 일본도 그렇고, 30년전의 사람이 갑자기 지금 세상에 와서 휴대폰으로 이야기하는 사람들을 본다면, 필시 깜짝 놀랄 테니까요.

❶ 魚を釣るのが上手でした。

❷ 龍宮城へ連れて行きました。

❸ お父さんやお母さんに会いたくなったからです。

❹ どんなことがあっても、ふたを開けてはいけないと言いました。

❺ (太郎が龍宮城にいる間に)人間の世界では何十年もたっていたから。

8. 잇슨보우시 (엄지동자)

본문번역

p.96   옛날 옛날, 어느 곳에 할아버지와 할머니가 있었습니다. 아이가 없는 할아버지와 할머니는 외로워서, "손바닥만한 작은 아이라도 좋으니 점지해 주십시오."

하고 매일 하나님께 빌었습니다. 어느 날, 정말 손바닥만한 아이가 태어나자, 할아버지와 할머니는 기뻐했습니다. 아주 작은 남자아이였기 때문에, "잇슨보우시"라는 이름을 붙여, 사랑해주며 키웠습니다.

하지만, 3년이 지나도 잇슨보우시는 전혀 자라지 않았습니다. 5년이 지나도, 자라지 않았습니다. 10년이 지나도 잇슨보우시는 아직 태어났을 때와 마찬가지로 손바닥만한 크기의 남자아이였습니다.

p.97   할아버지와 할머니는 걱정이었습니다. 아무리 먹여도, 아무리 애지중지 해도 잇슨보우시는 자라지 않았습니다. 작은 잇슨보우시는 집에서 할머니를 도와줄 수도 없고, 밭에 할아버지와 같이 가도 풀 한 포기밖에 옮길 수가 없습니다. 잇슨보우시는 춤과 노래를 잘하게 되었지만, 키가 자라지 않아 일을 할 수가 없습니다. 게다가 마을의 아이들은 늘

"땅꼬마, 땅꼬마"

하며 놀렸습니다.

p.98   잇슨보우시는 매일 따분해서, 어느 날 여행을 가기로 했습니다.

"저는 한양에 가서 일을 찾아보겠습니다." 하고 말했습니다.

할아버지와 할머니는 너무 슬펐지만, 할 수 없이 잇슨보우시에게 공기밥그릇과 젓가락과 바늘을 주었습니다. 그리고 잇슨보우시는 밥그릇을 우산처럼 쓰고, 바늘을 칼로 차고, 젓가락을 지팡이 대신으로 해서 한양으로 향했습니다.

잇슨보우시는 아침저녁으로 계속 걸어갔지만, 걸어도 걸어도 한양은 멀어서 아직 도착할 수가 없었습니다. 도중에, 개미를 만나 길을 물었습니다.

"개미님, 한양은 어디에 있습니까?"

"민들레 길, 뱀풀에서 떨어진 곳, 강을 건넌다."

하고 개미가 가르쳐주었습니다. 잇슨보우시는 민들레 길을 걷고, 츠쿠시 안을 계속 걷다가, 강에 도착했습니다. 쓰고 있던 밥그릇을 배로 삼고, 젓가락 지팡이를 노로 하여, 잇슨보우시는 힘껏 강을 저어 갔습니다. 드디어, 커다란 다리가 있는 곳에 오자, 많은 사람들이 그 다리를 건너고 있었으므로,

p.99

"여기가 한양이다."

하고 생각한 잇슨보우시는 밥그릇 배에서 내렸습니다.

한양에는 사람들이 많이 있고, 바쁘게 여기저기 걸어가고 있었습니다. 작은 잇슨보우시에게 붐비는 길은 위험한 장소입니다.

p.100

"뭉개지지 않도록 조심해야지."

라고 생각하면서, 잇슨보우시는 걸었습니다. 그리고, 조용한 길을 따라 훌륭한 저택 앞에 왔습니다. 잇슨보우시는 현관 있는 곳까지 가서

"실례합니다. 누구 안 계십니까?"

하고 불렀습니다. 그러자 하인이 와서,

"목소리가 들렸는데, 아무도 없네."

하고 말했습니다.

p.101 "여기에 있습니다. 신발 옆에 있어요."

하고 작은 잇슨보우시가 대답했습니다. 하인이 신발 쪽으로 자세히 보니, 거기에는 본 적도 없는 남자아이가 있어, 너무 놀랐습니다. 그리고 잇슨보우시를 들어올려, 공주님께 데리고 갔습니다.

공주님 앞에서 잇슨보우시는 춤도 추고, 노래도 하였습니다. 너무 잘했기 때문에, 모두 깜짝 놀랐습니다. 특히 공주님은 그 작은 남자아이가 귀여워서, 항상 옆에 두고 싶어졌습니다. 그리고, 잇슨보우시는 그 저택에서 생활하게 되어, 책장을 넘기거나, 먹을 갈거나 하며 공주님을 도와가며 지냈습니다. 바늘로 칼 연습도 열심히 했습니다. 공주님이 밖에 나갈 때는, 항상 잇슨보우시를 데리고 갔습니다.

p.102 어느 날, 공주님은 키요미즈테라에 관음보살 님을 뵈러 갔습니다. 그 돌아오는 길에, 갑자기 나쁜 괴물이 다가와서, 공주님을 위협했습니다. 도깨비는 공주님을 채갈려고 했습니다.

잇슨보우시는 얼굴을 들어,

"나는 잇슨보우시다. 각오해라."

하고 외쳤습니다. 괴물은 잇슨보우시는 들어올려, 손가락 정도 되는 남자아이를 보고,

"크하하하! 그렇게 작은 네가 무엇을 할 수 있겠느냐. 이 땅꼬마 녀석아."

p.103 하고 비웃었습니다. 그리고 잇슨보우시를 삼켜 넣고 말았습니다. 하지만, 괴물의 뱃속에서 잇슨보우시는 바늘 칼로 여기저기 찌르면서, 위로 올라갔습니다.

"아야! 아야!"

하고 괴물이 소리쳤지만, 잇슨보우시는 힘껏 계속 찌르고, 괴물의 코에서 뛰어내려왔습니다. 괴물은 항복하고 달아났습니다.

공주님은 괴물이 떨어뜨린 보물을 주워, 잇슨보우시에게 말했습니다.

"이것은 괴물의 보물인데, "요술방망이"라고 하는 것이에요. 이

것을 흔들면, 소원이 이루어진 대요."

괴물에게서 풀려난 공주님은 잇슨보우시에게

"잇슨보우시는 뭐가 갖고 싶어요?" 하고 물었습니다.

"커지고 싶어요."

하고 잇슨보우시는 대답했습니다. 공주님은

"커져라, 커져라."

p.104 라고 말하면서 "요술방망이"를 흔들었습니다. 그러자, 잇슨보우시는 순식간에 커져서, 훌륭한 청년이 되었습니다. 그리고, 공주님은 커진 잇슨보우시의 신부가 되었습니다. 잇슨보우시는 할아버지와 할머니를 한양으로 불러와, 모두 함께 행복하게 살았습니다.

잇슨보우시에 대해

p.105 어린이들에게 아주 인기 있는 옛날이야기입니다. 一寸(잇슨)은 척관법의 길이를 나타내는 단위로, 약 3센티미터입니다. 그런 작은 몸의 주인공이 지혜와 용기로 커다란 괴물을 대적하러 가서, 마침내는 굴복하게 하는 통쾌함이 인기를 모은 것이겠지요. 한편, 이 이야기에서 공주님이 참배하러 간 키요미즈데라는 교토에 있는 사찰로, 본당은 절벽을 보고 서 있습니다. 높이가 11미터나 되기 때문에, 굳은 결심을 하고 뭔가를 한다는 뜻의 관용구가 되어 있습니다. "이 브랜드의 가방은, 눈 딱 감고 (큰맘먹고 :직역하면 기요미즈의 무대에서 뛰어내릴 생각으로) 사버렸다"와 같이 쓰입니다. 재미있지요.

내용이해문제 모범답안

❶ 手ほどの大きさでした。

❷ 朝晩歩き続け、おわんを船にして川をこぎあがっていきました。

❸ おひめ様の手伝いをしたり、はりで刀の練習をしたりして過ごしました。

④ うちでのこづち。

⑤ ふれば願いがかなうもの。

9. 카치카치야마 (따닥따닥산)

(본문번역)

p.110 옛날 옛날, 어느 마을에 사이좋은 할아버지와 할머니가 있었습니다. 할아버지는 뒤쪽의 작은 밭을 일구고, 할머니는 수수경단 떡을 만들며 살고 있었습니다.

그런데, 어느 날 아침, 밭이 완전히 엉망이 되어 있었습니다. 어느새 뒷산에 너구리가 살면서 밤이 되면 야채를 훔치러 오곤 했던 것입니다.

"큰일났다. 너구리다."

이윽고, 너구리는 낮에도 나타나게 되었고, 할아버지에게 흙을 내던졌습니다.

"어이. 빨리 만들어. 전~부 다 먹어버릴 테니!"

p.112 다음 날, 할아버지가 대나무와 끈으로 덫을 만들어두자, 너구리가 걸려들었습니다.

"아이구 아야야야. 앙~, 용서해 줘."

"우는 체 해봤자 소용없어. 오늘밤에는 너구리죽으로 할까."

p.113 할아버지는 너구리를 지고 집에 돌아와서는 기둥에 묶어두고, 또 밭으로 돌아갔습니다. 기둥에 묶여진 너구리는 풀이 죽어 있었습니다. 할머니가 수수경단을 둥글게 만드는 모습을 지켜보고 있었습니다. 그러는 사이 너구리는 울기 시작했습니다.

"아이고 아파라. 끈을 풀어주면 뭐든지 할게요. 수수경단을 같이 둥글게 만들테니 끈을 풀어주세요."

착한 할머니는 너구리가 불쌍해졌습니다.

"그럼, 조금만 끈을 풀어줄테니 도와줘. 알았지?"

할머니는 너구리의 다리에 있던 끈도 풀어주었습니다. 그러자 너구리는 눈 깜짝할 사이에 발의 끈을 풀어버렸습니다.

"아이고, 나를 속였구나."

붙잡으려는 할머니 발을 너구리가 깨물고는 걸음아 날 살려라 하고 뛰어갔습니다. 할머니는 허리를 다쳐 움직일 수가 없었습니다.

"속는 사람이 나쁜 거야."

황급히 도망가는 너구리. 밭에 있던 할아버지는 허둥거리며 집 안으로 뛰어들어갔습니다.

"할멈! 어, 어떻게 된 게야?"

할머니는 허리를 다쳐, 드러눕고 말았습니다. 할아버지는 매일 간호를 했지만, 좀처럼 좋아지지 않았습니다.

"할멈. 산에 가서 다친 데 듣는 약초를 캐오리다."

산에서 할아버지가 약초를 캐고 있는데, 토끼가 다가왔습니다. 이야기를 들은 토끼도 아주 화가 났습니다.

"아니 저런 못된 너구리같으니. 내가 혼내주겠습니다."

바로, 토끼는 떡을 가지고 들판으로 가서, 마른풀을 베기 시작했습니다. 이윽고 너구리가 다가왔습니다.

"킁킁. 좋은 냄새가 나는 걸."

"마른풀을 옮기는 것을 도와주면, 떡을 줄게."

"알았어. 음. 이거 맛있다."

너구리가 덥석덥석 먹고 있는 동안에, 토끼는 마른 풀 더미를 너구리의 등에 짐을 지웠습니다.

"자, 너구리야. 가자."

따닥! 따닥!

토끼는 살짝 부싯돌로 불을 붙였습니다.

"토끼야. 뒤에서 따닥따닥 무엇을 하고 있니?"

"아아, 따닥따닥산의 따닥따닥새가 노래를 하고 있는 것뿐이야."

166 日本の昔話

p.115그러는 사이, 활활 하는 소리가 났습니다.

"지금은 활활 하는데? "

"여기는 활활산. 활활새가 그렇게 가르쳐주고 있어."

이윽고 등에 불이 번져 너구리는 크게 데이고 말았습니다. 다음 날, 토끼는 고추를 섞은 된장을 가지고, 병문안을 갔습니다.

p.116"너구리야. 화상에는 이 약이 제일이야."

그렇게 말하고, 얼얼한 된장을 등에 발랐습니다.

"끄악! 앗 따가워!!"

며칠인가 지나, 화상이 나은 너구리는 바다에 갔습니다. 그러자 토끼가 배를 두 개 만들고 있었습니다.

"바다에서 물고기를 잡자."

"그거 좋지."

"큰 흙배와 작은 나무배 중 어느 게 좋니? "

"물론 큰 배."

욕심꾸러기 너구리는 큰 배를 선택했습니다. 토끼는 나무배, 너구리는 흙으로 된 배를 바다에 띄우고, 노를 젓기 시작했습니다.

"물고기를 많이 잡을 거야!"

점점, 너구리의 흙배는 자꾸자꾸 녹기 시작했습니다.

"으악~! 배가 가라앉아~!!"

그러자, 토끼가 말했습니다.

"골탕먹었지? 할머니를 괴롭힌 벌이야."

"두 번 다시 나쁜 짓은 안 할게~!"

너구리는 정신없이 모래사장으로 기어올라가, 황급히 도망쳐갔습니다.

p.117토끼는 물고기를 선물로, 할아버지 집에 갔습니다.

"토끼야, 고맙다."

할머니도 완전히 건강해져서 할아버지는 크게 기뻐하시고,

그 후로는 너구리가 밭을 엉망으로 만들지 않게 되었으므로, 할아버

지와 할머니는 행복하게 살았습니다.

　원래 이야기에서는, 너구리가 할머니를 죽여버리고, 그것으로 만든 죽을 할아버지에게 속여 먹인다는 상당히 잔혹한 내용이었다고 합니다만, 아이들을 위한 이야기로 되면서, 이 부분이 바뀌어진 것 같습니다. 그런데, 너구리는 여우와 나란히, 옛날이야기에서는 "교활한" "사람을 속이는" 악역으로 등장하는 경우가 많은 동물입니다. 논밭을 망치는 것에서 그런 이미지가 생겨난 것이겠지만, 그것은 동시에 사람들에게 가까운 동물이었다는 증거이기도 합니다.

내용이해문제 모법답안

❶ 畑の野菜を盗むから。

❷ たぬきがきびもちを丸めるのを手伝うと言ったから。／たぬきがかわいそうになったから。

❸ たぬきが足にかみつき、突き飛ばしたから。

❹ 火が燃える音。

❺ 土の船に乗っていたから、／土の船が溶けたから。

10. 카구야히메

본문번역

　옛날 옛날, 어느 곳에 할아버지와 할머니가 있었습니다. 할아버지는 매일 대나무 숲에 가서 대나무를 캐고, 대로 여러 가지 물건을 만들며 살고 있었습니다. 어느 날, 할아버지가 대나무 숲에 가니, 밑둥이가 반짝거리고 있는 이상한 대나무가 있었습니다.

　"왜 이 대나무는 이렇게 반짝거리지?"

　하고 생각하고, 그 대나무를 자르자, 어쩜 안에 작고 예쁜 여자아이가 있었습니다. 할아버지는 그 여자아이를 손바닥에 감싸 서둘어 집으로 돌아갔습니다.

"할멈, 이 아이를 좀 봐."

여자아이를 본 할머니는,

"이건 필시 하나님께서 내려주신 것일 거예요."

하고 말했습니다. 아이가 없는 할아버지와 할머니는 매우 기뻐했습니다. 예쁜 여자아이의 이름을 "카구야히메"라고 붙이고, 소중하게 키웠습니다. 이상한 일은 또 일어났습니다. 할아버지가 대나무를 벨 때마다, 안에 많은 금화가 들어 있는 것입니다. 점점 생활은 부유해졌고, 대나무를 캐던 할아버지는 큰 저택을 지었습니다.

카구야히메는 아주 커져서, 눈부실 정도로 아름다운 딸이 되었습니다. 카구야히메는 집을 나오는 일이 없었지만, 아주 미인이라는 소문은 온 나라에 퍼졌습니다. 그 소문을 듣고, 카구야히메를 만나러 전국으로부터 남자들이 멀리서 찾아왔습니다.

"눈부실 정도로 아름다운 카구야히메를 한번 보고 싶다."

선물을 가지고 찾아온 남자들을, 카구야히메는 만나려고도 하지 않습니다. 그러나, 다섯 명의 남자들만은, 포기하지 않았습니다.

"꼭 카구야히메를 아내로 맞고 싶소. 부디 만나 주시오."

카구야히메는 할아버지에게 말했습니다.

"그 다섯 분께, 제가 갖고 싶은 물건을 부탁해보겠습니다. 부탁한 물건을 받을 수 있다면, 그 분의 아내가 되겠습니다."

그것은 매우 어려운 것들뿐이었습니다. 카구야히메는 본래는 누구의 아내가 될 생각은 없었던 것입니다.

「이시츠쿠리노미코」가 찾을 것은, 먼 천축(인도)에 있는 "부처님의 돌그릇"입니다. 도저히 간단히 갈 수 있는 것이 아니므로, 절의 오래된 돌그릇을 가지고 왔습니다. 그것을 본 카구야히메는 고개를 좌우로 저으며,

"부처님의 돌그릇은 오래되어도 아름답게 빛이 납니다."

「쿠라모치노미코」가 찾을 것은 , 호라이산에 있다는 "진주가 열리는 황금 가지" 였습니다 .

「쿠라모치노미코」는 쏙 빼닮은 것을 장인에게 만들게 하여 , 카구야히메에게 가져갔습니다 . 아주 아름다웠기 때문에 카구야히메는 진짜라고 생각했습니다 . 하지만 , 그 때 , 장인이 돈을 받으러 왔으므로 가짜라는 것을 알아버리게 되었습니다 .

「아베노미우시」가 찾는 것은 불을 붙여도 타지 않는 "불쥐가죽옷" 이었습니다 . 비싼 돈을 치르고 , 중국에 가서 장인으로 부터 산 가죽옷은 가짜였기 때문에 불을 붙이자 금방 타버리고 말았습니다 .

「오오토모노미유키」는 , 용의 목에 있는 "빛나는 구슬" 을 찾으러 배로 출발했습니다 . 하지만 , 풍랑을 만나 목숨을 잃어버릴 뻔 했습니다 . 다시는 바다에는 가고 싶지 않았으므로 , 카구야히메를 포기했습니다 .

마지막으로 「이소노카미노마로타리」가 찾는 것은, 제비가 갖고 있다는 "자패(안산을 비는 부적)"입니다. 지붕에 올라가, 제비 둥지에 손을 넣을 때, 미끄러져 그만 꽈당. 사다리에서 떨어져 다치고, 게다가, 손에 쥐고 있었던 것은 제비의 똥이었습니다. 이렇게 해서, 다섯 명의 남자들도 카구야히메를 포기하기로 했습니다.

카구야히메에 대한 소문은 "임금님"에게까지 전해졌습니다. 당장 카구야히메를 궁궐 안으로 데리고 들어오도록 신하에게 명령하였습니다. 하지만, 카구야히메는 울면서 할아버지와 할머니에게 말했습니다.

"부디 저를 하루라도 오래 곁에 두옵소서."

"우리들이 잘못했구나. 네가 행복하다면 그걸로 괜찮아."

어느 여름의 일입니다. 카구야히메는 매일 밤 달을 보고는 혼자서 눈물을 흘리고 있었습니다. 할아버지와 할머니는 걱정이 돼서 견딜 수가 없습니다.

"카구야히메, 사연이 있다면 부디 얘기를 해다오."

카구야히메는, 슬프게 말했습니다.

"실은, 저는 달나라에서 왔습니다. 다음 보름달 밤에 달로 돌아

p.130 가지 않으면 안 됩니다."

"싫다. 어디에도 가지 말아다오."

할아버지와 할머니는 카구야히메를 끌어안았습니다. 그리고, 할아버지는 임금님께 카구야히메가 달로 돌아간다는 사실을 알리고, 보내지 않도록 해달라고 부탁했습니다. 드디어 보름날 밤이 되었습니다. 저택의 주위에는 카구야히메를 지키려고 임금님의 무사들로 가득합니다.

한 가운데에 달이 가장 동그랗게 되었을 때, 눈부신 빛이 비치고, 선녀들이 춤을 추며 하늘하늘 내려왔습니다. 이상하게도, 빛을 본 무사들은 움직일 수가 없습니다. 카구야히메는 선녀들에게 갔습니다.

"카구야히메. 가버리는 거냐!"

할아버지와 할머니는 정신없이 마당으로 뛰어나왔습니다.

"달나라로 돌아가야 합니다. 가끔, 달을 보며, 제 생각을 해주세요. 두 분 다 부디 잘 지내세요."

라고 말하고, 카구야히메는 선녀들과 같이 달빛 속으로 사라져 갔습니다.

카구야히메에 대해

p.132 또 다른 이름은 "다케토리모노가타리". 현존하는 일본 최고(最古)의 소설로 불리고 있습니다만, 작자는 알 수 없습니다. 단, 카구야히메에게 결혼을 신청하는 다섯 젊은이의 관직과 이름이 분명히 쓰여져 있어, 시대배경은 672년의 임신난 부렵, 장소는 당시 도읍이 있었던 야마토구니(지금의 나라현)이라고 일컬어지고 있습니

다. 이 다섯 명의 젊은이는 다른 문헌에도 이름이 나오는 실존인물
이라는 것인데, 그렇다면, 카구야히메도 정말 있었던 것은 아닌가
하고 생각해보게 됩니다.

내용이해문제 모범답안

① 小さなかわいい女の子。
② 竹を切るたびに中にたくさんの小判が入っていたから。
③ 5人。
④ いいえ、持って来られませんでした。
⑤ 月(の世界)。

일본어로 술술 읽혀지는 재미있는

일본의
옛날이야기

개정판 2023년 9월 25일

발행인 이기선

편저 이토 교코 / 오카 리나

발행처 제이플러스

주소 서울시 마포구 월드컵로 31길 62

영업부 02-332-8320

편집부 02-3142-2520

등록번호 제 10-1680호

등록일자 1998년 12월 9일

ISBN 979-11-5601-234-4

값 14,800원